L'HONNEUR RETROUVÉ
DU
MARQUIS DE MONTESPAN

EVE RUGGIERI

L'HONNEUR RETROUVÉ DU MARQUIS DE MONTESPAN

PERRIN
12, avenue d'Italie
PARIS

ISBN 2-262-00626-1.

A mon frère Guy Henrot
et à Véronique, sa femme.

I

Adieu, perfide Athénaïs !

Il y avait neuf heures déjà que le lourd carrosse roulait sur des chemins de plus en plus défoncés au fur et à mesure qu'il s'éloignait de Paris. Neuf heures que les mêmes images lui parvenaient floues et déformées à travers le verre épais du fenestron. Neuf heures que les mêmes sons lui remplissaient les oreilles : les brefs hennissements des chevaux, rythmés par leur souffle lourd et rauque dans l'effort, et ce bruit fracassant des sabots et des roues ferrées de la voiture qui faisaient gicler par instants des gerbes d'étincelles de feu, quand elles heurtaient trop violemment quelque pierre dressée sur leur chemin.

Tout n'était que violence dans ce voyage hâtif. A l'image de cette rage incontrôlable, irrépressible, qui ne le quittait plus à présent. Qui s'était lovée en lui comme une bête carnassière se nourrissant d'une vigueur inouïe pendant les douze jours qu'il avait passés, comme un manant, entre les murs suintant d'humidité de sa geôle de Fort-l'Evêque.

Le roi avait osé. Et elle l'avait laissé faire. Elle l'avait même sans doute supplié pour que l'on se saisisse de lui.

Elle, sa femme, son épouse devant Dieu : Françoise de Rochechouart de Mortemart, qui avait aimé se rebaptiser Athénaïs. La scélérate !

Louis-Henry de Pardaillan de Gondrin, marquis de Montespan, comte de Miélan, ferma les yeux. Quel sentiment l'emportait en lui ? La jalousie ? Cette douleur aiguë de la savoir dans les bras d'un autre, fût-ce le roi de France ? Le Roi-Soleil, auprès de qui elle avait brûlé sa vertu et le propre honneur de son nom ? Etait-ce plutôt de l'humiliation ? Celle qui lui fouaillait le cœur depuis qu'il avait su ! De ce jour, maudit entre tous, où il avait surpris sans la moindre équivoque sur les visages des courtisans, ces rampants comme il aimait à les appeler, de petits sourires ironiques condescendants ou faussement compatissants et, parfois même, envieux ! Mais qu'allaient-ils donc imaginer ? Que lui, le marquis de Montespan, bientôt duc de Bellegarde, neveu, en outre, d'Henri de Gondrin, coadjuteur de Sens, cousin germain du maréchal d'Albret, parent de la Grande Mademoiselle et du duc de Lauzun, cadet de Gascogne, que celui-là pouvait chercher quelque avantage à son malheur ? Car il était trompé. Abusé par celle-là même qui portait son nom.

Et puisque tout le monde, à Versailles comme à Saint-Germain, le savait, il avait tenu à son tour à ce que les autres, le peuple, les bourgeois des villes qu'il allait traverser, les paysans sur la route, jusqu'au dernier mendiant, jusqu'au plus anonyme des sujets de Sa Majesté le Roi de France, le sachent également. Ah ! On l'avait jeté en prison. On avait ri de lui. On avait essayé d'étouffer le scandale en l'enfermant. Et puis on l'avait exilé sur ses terres comme un voleur ! Mais qui avait volé ? Qui l'avait déshonoré ? Qui, outrepassant ses droits, avait ruiné sa vie ?

Devant lui, la crinière des chevaux de poste continuait

de voler au rythme effréné de leur galop. La sueur plaquait sur leurs robes brunes des taches larges et noires, qui luisaient au soleil couchant. Le marquis poussa d'un doigt le rideau de cuir qui pendait à la portière. Dehors, en ce 5 octobre 1668, la campagne s'embrasait. Sur la route, des charrettes, tirées par des bœufs, croulaient sous le poids du regain, fauché de frais, et qui apporterait aux bêtes, cet hiver, un supplément de fourrage. Les hirondelles étaient parties tôt. Les Pyrénées s'étaient même couronnées, la semaine précédente, des premières neiges. On gèlerait à pierre fendre dès novembre.

Le cocher poussait de grands cris, brandissant son fouet pour chasser les manants du passage. Et ces rencontres mettaient un peu de baume sur le cœur du marquis. Quel délice de surprendre la stupéfaction sur ces visages ridés, de voir l'étonnement ouvrir les bouches sur des mâchoires édentées. Depuis son départ de la rue Saint-Germain-l'Auxerrois, non loin du quai de la Mégisserie, où se dressaient les murs déjà insalubres et biscornus de cette prison, en partie reconstruite en 1652 et dont il avait pris la température des chambres fortes, le même effarement accompagnait son passage. Déjà, songeait Louis-Henry, quelle impudence que de l'avoir incarcéré dans un lieu réservé aux prisonniers du bailliage de l'archevêché, où l'on n'envoyait que des condamnés pour dettes ou des individus arrêtés sur la voie publique pour insolence ou fait de « simple police ». C'est que Louis XIV ne tenait pas à ce que ses sujets apprennent qu'il avait choisi pour maîtresse une femme mariée. Que lui, le roi de France de droit divin, exhibait une favorite qui avait juré, devant ce même Dieu de qui il tenait toute sa légitimité, fidélité et devoir à son mari. Le marquis, dans sa folie, songeait au pouvoir qu'il avait de faire trembler Louis XIV, s'il demandait au pape l'annulation de son mariage en cour de

Rome. Dès lors, le prélat se verrait contraint d'étaler ce scandale et la tache sur le nom des Bourbons serait indélébile.

A partir de là, il avait conçu sa vengeance comme une énorme mascarade. Un ultime soufflet appliqué sur le visage angélique et si trompeur de la marquise. Trahi, oui, mais sans complaisance. Avec panache. Louis-Henry, puisque Louvois avait sommé le chevalier du guet de lui commander, sans tarder, son exil, quitterait donc Paris la tête haute, avec dérision, cette insolence du désespoir qui seule lui était encore permise. Il se rappelait les deux dépêches de Louvois. La première, félonne, ordonnait l'élargissement du captif. La seconde, son départ immédiat.

« Louis-Henry de Pardaillan, marquis de Montespan, devra sortir de Paris dans vingt-quatre heures, pour se rendre incessamment dans l'une des terres appartenant au sieur marquis d'Antin, son père, situées en Guyenne, et y demeurer jusqu'à nouvel ordre, Sa Majesté lui défendant d'en sortir sans sa permission expresse, à peine de désobéissance. »

Vingt-quatre heures ! Le voleur de femme lui laissait, comme à un vil larron, vingt-quatre heures pour déguerpir. Un bien maigre sursis dont le marquis avait tiré pourtant le meilleur profit. A peine franchies les portes de sa geôle, à peine passé les deux courettes et le corps de logis qui l'avaient conduit de plain-pied sur le quai bruissant de monde, de couleurs et de vie, de la Mégisserie, qu'il mettait déjà son projet au point, préparant une revanche pleine de morgue et d'insolence, qu'il savourerait de tous ses yeux et de tous ses sens. Quelque chose d'aussi insensé que le scandale fracassant qu'il avait déclenché à Saint-Germain et qui avait fait trembler d'effroi cette vipère d'entremetteuse de Montausier, et son perfide mari. Deux monstres qui avaient poussé l'outrecuidance jusqu'à se faire remettre par sa femme une charge doublée d'une rente généreuse qui eût dû lui revenir à lui, marquis de Montespan!

A peine sorti de sa prison, il s'était donc précipité dans son appartement, le teint empourpré par l'excitation. A deux de ses laquais, il avait ordonné que l'on peignît sa voiture en noir. Exigé que l'on dénichât, n'importe où à Paris mais avant le matin, deux bois de cerf qu'il avait fixés sur l'avant du carrosse, à la place du postillon, juste au-dessus du strapontin du cocher. Puis il avait mandé plusieurs marchands pour qu'ils lui portent, sur l'heure, un gigantesque voile de crêpe dont il avait enveloppé la voiture, après avoir fait peindre sur les portières ses armes, ornées de deux grandes cornes.

Et c'est dans cet incroyable équipage qu'il avait quitté Paris, ses chevaux eux-mêmes parés comme pour un enterrement de grande pompe. Ses six coursiers s'étaient ébranlés à l'aube, dans les rues encombrées par les petits marchands, venus des faubourgs, jusqu'au cœur de la capitale. A cette heure, déjà, les bourgeois étaient aux portes de leurs maisons. Toute la valetaille des grandes maisons courait, traînant les sabots sur le pavé, pour approvisionner les cuisines. Quel plaisir devant leur ahurissement! Un plaisir qui ne se démentait plus depuis cette heure où, aux portes de la capitale, voile de crêpe au vent, l'image de son carrosse s'était dissoute dans les brumes matinales de ce funeste matin d'octobre 1668.

A côté de lui, sur la banquette, innocent, les joues rosées, enveloppé dans un grand manteau de serge noire, elle aussi, Louis-Antoine, le fils que lui avait donné la perfide marquise, s'était endormi. Il avait trois ans. Il était trop jeune pour se douter un instant du drame qui se jouait entre son père et sa mère. Ces parents dont il portait le nom, mais qu'il avait si peu vus dans les trois premières années de son existence. A peine accouchée, Françoise-Athénaïs avait couru retrouver les plaisirs de la Cour, pendant que Louis-Henry s'envolait pour de lointains champs de bataille et d'hypothétiques gloires gagnées à la pointe de son épée. C'était la coutume, et d'ailleurs sitôt terminées les fêtes de la naissance, le couple avait confié l'éducation de l'enfant au bon air de Bonnefont et à « un jeune homme qui s'est trouvé dans la suite un excellent sujet auquel j'ai toutes les obligations imaginables », écrira, beaucoup plus tard, dans ses Mémoires, le futur marquis d'Antin, reconnaissant à l'abbé Anselme de l'avoir si justement instruit dans l'art de la diplomatie, qualité qui avait toujours manqué cruellement à son père... ainsi qu'à toute sa famille !

Mais après ce qui venait de se passer, Louis-Henry entendait bien que son fils n'ait plus à revoir celle qui les avait doublement abandonnés. Dans une journée ou deux, il retrouverait sa jeune sœur, que le marquis avait déjà confiée à sa propre mère, née Marie-Chrestienne de Zamet et de Murat, échappant ainsi aux manières perverses et aux fêtes luxurieuses de la Cour, afin de réapprendre, sur le fief des d'Antin, à marcher la tête haute.

D'Antin... Le marquis se répétait ce nom, son nom, qui claquait déjà dans l'histoire du royaume de France au XIe siècle. La première demeure de cette fière famille s'élevait alors sur un petit hameau niché entre les rivières de l'Arros et le Boues. Ils avaient emprunté le nom à ce village, et le temps de faire graver au fronton du château leurs armes — un écu d'or à la clef de sable en pal adextrée de trois courtauds, de gueules posés deux en uns —, ils avaient déjà déserté ce site abrupt, rude en hiver et torride en été, pour lui préférer le château de Bonnefont. Lourd et solide comme leur renommée, vite colportée au-delà de la sénéchaussée. De tout temps, les représentants de cette famille féodale, par leur courage, par leur bravoure, par leurs bravades le plus souvent, avaient mêlé leurs actions aux faits d'armes régionaux, et écrit avec leur sang l'histoire du comté.

Comment Louis XIV avait-il pu imaginer qu'il courberait la tête? Ignorait-il donc que les hommes de cette illustre famille étaient nés l'épée au poing? Que c'est sur eux que les comtes de Foix misaient pour combattre les comtes de Bigorre, Simon de Montfort ou les comtes d'Armagnac? Qu'ils étaient toujours partants pour les croisades et que par tradition les siens avaient illustré les contes des veillées paysannes, chez leurs gens?

Pour eux, le combat était une tradition. Le défi, un art de vivre. Et lorsque la paix revint au pied des Pyrénées, lorsque les grandes croisades cessèrent, c'est dans les forteresses de Lourdes ou de Mauvezin qu'ils continuèrent à prendre de l'exercice.

Ah! Si seulement Louis XIV avait connu son ancêtre, l'intrépide Arnaud d'Antin, sénéchal de Bigorre qui s'était allié avec Anne d'Andouins! Le comte avait couru l'aventure jusqu'aux portes de Toulouse et de Carcassonne, piquant son dû au fleuret, levant, sous les sabots de ses montures, des légendes tissées d'effroi et de respect. Avec lui, nul ne cherchait à en découdre. Ce fut Jeanne, sa fille aînée, qui convola, en 1561, avec Hector de Pardaillan, seigneur de Montespan et de Gondrin, dont le père baron de Gondrin avait lui-même choisi pour femme Paule d'Espagne, héritière des Espagne-Montespan.

A l'ombre de l'imposant donjon de Bonnefont s'était épanouie, en force et en droit, toute la lignée des d'Antin. Le château lui-même, l'une des clés de France pour sa défense, avait longtemps été le siège d'une importante baronnie. Le seigneur se devait d'y entretenir une compagnie d'au moins cinquante gens d'armes, de veiller au bon état des murailles et des fortifications, et de surveiller les passages du Couserans vers l'Espagne.

Et c'est de ce donjon qu'étaient partis, sous la bannière glorieuse des Espagne-Montespan, lignée éteinte hélas en 1555, Roger Ier d'Espagne-Montespan pour guerroyer en Castille, et Roger IV pour Pavie, où il se tint côte à côte avec François Ier... Ces mêmes ancêtres, qui avaient reçu, en lieu et place du camouflet que l'on venait de lui infliger, d'augustes honneurs des rois les plus illustres de ce royaume. Collier de Saint-Michel, collier du Saint-Esprit... ou bien encore de prestigieux titres, comme cela avait été fait pour Arnaud, son grand-père, grand écuyer de France récompensé des mains mêmes de Louis XIII pour services rendus, et qui avait vu ses terres érigées en marquisat...

Autant d'honneurs qui n'avaient pas suffi à museler les méchants esprits qui s'étaient gaussés du mariage de Françoise de Rochechouart de Mortemart, alliée par sa famille aux princes de Tonnay-Charente dont on connaissait la fortune. Quelle fortune ? Les quelque soixante mille livres qui composaient la dot de Françoise-Athénaïs pour une corbeille totale de cent cinquante mille livres, qui n'était recevable qu'à la succession des Rochechouart ! Une catin. La catin de Jupiter, voilà celle qu'il avait épousée... et qui maintenant le faisait chasser de Paris !

La voiture continuait de filer droit sur les chemins de la sénéchaussée d'Auch. La nuit dernière, le marquis et son jeune fils avaient fait halte dans une méchante auberge où, après l'émoi provoqué par son équipage, il avait bu force gobelets de vin, avant de rejoindre son fils endormi dans un vieux lit à baldaquin qu'ils avaient partagé. Maintenant, après avoir changé par six fois de chevaux, après avoir dépassé Auch, que d'autres Gascons avant lui avaient su illustrer de leurs éclats et de leur superbe, ils avaient emprunté la route de Trie, dont les d'Antin, amère ironie, étaient coseigneurs avec le roi.

Louis-Henry de Pardaillan avait tenu à traverser la bourgade. Il voulait que ses gens sachent. Que la rumeur rameute les curieux. Car il n'avait pas l'intention de cesser là sa morbide plaisanterie. Et à tous ceux, consuls en robe rouge et noire ou citadins, qui lui mandaient des cadeaux chaque fois qu'il passait par leur bonne ville, il voulait annoncer la sinistre nouvelle. Sa femme, Françoise de Mortemart, était morte pour lui. Il désirait avec ferveur qu'au-delà de la Baïse, la nouvelle s'en répande. Que le canon des vieilles couleuvrines la colporte. Que les cloches de Notre-Dame-des-Neiges sonnent le glas de son désastreux mariage, et fassent taire ces ragots qui continuaient à proliférer autour de son nom.

«Je crois que, si le roi avait voulu donner beaucoup, il se serait apaisé», écrivit plus tard dans ses Mémoires la Princesse Palatine, qui eut raison d'attendre que le marquis fût loin, et en exil, pour colporter de pareilles conjectures. Car Louis-Henry tenait à son honneur de Gascon comme à la prunelle de ses yeux et jamais il n'aurait permis que l'on traînât ainsi son nom dans la boue. Au diable les Bussy-Rabutin qui prétendirent, du fond de leur province, que le marquis avait reçu, donc accepté, cent mille livres pour « le consoler de la perte qu'il avait faite ». Autant de rumeurs malveillantes, de ragots de courtisan déchu, qui prêtèrent ainsi à la naissance de légendes plus contradictoires et folles les unes que les autres sur le compte du marquis. Ainsi, les propos de La Beaumelle qui, un siècle plus tard, lancera la somme inouïe de cent mille écus (soit trois fois plus que celle avancée par Bussy-Rabutin) pour le « rachat », par le roi, de la marquise à son époux — un homme outragé et bien décidé, en ce

5 octobre 1668, à vivre son exil comme on entre en deuil, pour faire savoir à Saint-Germain que l'on ne pouvait se jouer si facilement de l'honneur d'un mari.

*

La nuit était très avancée lorsque le marquis passa, à la lumière des brandons portés par l'escorte qu'il avait dû prendre à Trie, le pont-levis de son castel de Bonnefont. Derrière lui, les grands arbres du vaste parc refermèrent leurs ombres. Il sauta hors du carrosse d'un jet si brusque que nul, autour de lui, n'osa le moindre salut, la moindre remarque. Si, derrière les croisées à meneaux sommées d'arcs en accolade, des bougies embrasaient les verrières polychromes, nul ne se penchait aux embrasses. Toute la domesticité l'attendait dehors, sortie sur le pavé pour saluer le maître, abasourdie par l'allure invraisemblable de l'équipage.

Les bois de cerf pendouillaient un peu, maintenant. Le voile de crêpe noir souillé de larges taches de boue, déchiré en ses coins, partait en lambeaux. Le marquis ne donna pas un mot d'explication. Pas même à sa mère, la bonne dame Chrestienne de Zamet, qui s'était avancée pour embrasser son grand gaillard de fils. Pourquoi l'aurait-il fait ? Sa déconfiture conjugale était connue de tous, bien au-delà des marches du royaume de Navarre.

Il les avait tous regardés, sa tête fière rejetée en arrière, avait ordonné qu'on dételle les chevaux et que l'on serve le cocher et les hommes de l'escorte. Puis, délicatement, il avait pris son fils, toujours profondément endormi, dans ses bras.

Au-dessus de la vaste cour quadrilatérale, pavée de grosses pierres disjointes où poussaient quelques herbes folles et qu'entouraient de profonds fossés flanqués de tours carrées à chaque angle des remparts, un arc d'étoiles étincelantes brillait dans la dureté d'une nuit de gel. Un léger brouillard s'échappait de ses lèvres, s'accrochait à sa moustache. Immobile, il serra contre lui le petit corps chaud, la frêle poitrine qu'une respiration régulière soulevait doucement. Quelques secondes s'écoulèrent, interminables. Nul n'osait dire un mot. Et comme si un pas en avant avait pu consacrer à jamais son malheur, le marquis ne bougeait pas non plus. Soudain, dans la nuit, la cloche du castel égrena huit coups. Louis-Henry sursauta. Quelle ironie ! Cette cloche, il l'avait fait fondre et graver du nom de ce fils que le prêtre venait d'ondoyer, avec le sien et celui de Françoise-Athénaïs. Entre quatre fleurs de lys, symboles d'essence royale et de pureté...

Il se souvenait avec l'intensité d'une brûlure de ce jour-là. Un jour de fête et de liesse, avec tous ses gens en tenues endimanchées, avec les domestiques coiffées de marottes de dentelle, qui se pressaient aux portes, aux rues, aux fenêtres, pour regarder passer la divine marquise et son bel enfant... Ce fut l'unique voyage de Françoise-Athénaïs sur les terres de son époux. Pour que la cloche, dont leur fils était le parrain, garde à jamais un son pur et cristallin, la jeune marquise avait lancé dans le métal en fusion une poignée de pièces d'argent...

II

Métamorphose de Françoise

Depuis quelques heures déjà, le château de Bonnefont était plongé dans un profond silence. Seuls, les étranges plaintes des grisalles et de légers bruits de chute qui montaient des douves peuplaient la nuit froide. C'était l'heure des chasses sauvages et cruelles, où les rats d'eau poursuivis par les hiboux se laissaient glisser au fond des eaux vertes, dans un froissement de feuilles que l'épaisseur des vitres n'atténuait pas.

Le marquis était exténué par son voyage. Son chagrin l'avait enivré et sa vengeance, dont tous se riaient maintenant à Saint-Germain, l'avait maintenu dans une fébrilité provocante qui lui avait masqué la cruelle vérité. Plongé au cœur de cette nuit sans bienveillance, son état lui apparaissait, débarrassé de tout fard. Il n'y avait dans cette histoire ni veuf ni légitime chagrin, mais un homme abusé, trahi devant le monde par une femme qui portait son nom et qui l'avait déshonoré. Et c'était cette femme-là qu'il ne pouvait s'empêcher de continuer à aimer d'un feu dévorant !

Le souvenir de son corps, de son parfum, de ses propos si vifs et si drôles lui brûlait la poitrine et le sang. Malgré sa grande fatigue, il ne parvenait pas à s'endormir. Les souvenirs se pressaient à sa mémoire, torturants, obsédants. Il avait l'impression de mourir et, comme chez tous les agonisants qui sentent leur âme s'enfuir, les images de son bonheur perdu lui revenaient devant les yeux, comme ces spectacles de bateleurs que l'on suit dans les rues, au hasard de leurs tréteaux montés à la hâte. Louis-Henry de Pardaillan, marquis de Montespan, pourtant peu enclin à la mélancolie, regardait, les yeux morts, d'éblouissantes images qui avaient été celles de sa vie.

Il se souvenait du jour, le premier, où il avait rencontré la perfide. Rien ne les destinait l'un à l'autre. Et pourtant, dès cet instant, leurs destinées avaient été marquées d'un sceau funeste.

Françoise de Rochechouart-Mortemart, dite Mademoiselle de Tonnay-Charente, fille de Gabriel de Rochechouart, duc de Mortemart, prince de Tonnay-Charente, pair de France, premier gentilhomme de la chambre du roi et chevalier des ordres, était amoureuse. Elle avait remarqué à la Cour, où elle était fille d'honneur de Madame, le jeune et beau Louis Alexandre de la Tremoille, marquis de Noirmoutier. Les deux familles avaient béni la promesse d'union. Pour une fois, le cœur et la raison trouvaient leur compte dans cette alliance. Madame de Lafayette en avait maintes fois témoigné : ces deux-là s'aimaient. Françoise, surtout, avait le cœur qui battait follement devant ce jeune marquis, vif et turbulent, qui avait ses entrées à la Cour et un avenir fort prometteur.

Les médianoches donnés à Versailles les voyaient souvent attablés aux mêmes tables de jeu, dansant le menuet, jouant dans les jardins à colin-maillard, s'adonnant l'un avec l'autre au libertinage. Elle l'aimait, et comment ne l'aurait-il pas adorée en retour? Françoise était fort belle, d'une beauté triomphante. Primi Visconti lui-même, frappé par l'apparence de la jeune fille, n'avait pu s'empêcher de témoigner du miracle : «Elle a les cheveux blonds, de grands yeux bleus couleur d'azur, le nez aquilin mais bien formé, la bouche petite et vermeille, de très belles dents. Pour le corps, elle est de taille moyenne et bien proportionnée.»

Françoise avait grandi dans le doux paysage lassacois, bercée par le cours paresseux de la Vienne et le chant du vent dans les hautes futaies de peupliers. Pendant que ses parents faisaient leur service au Louvre, Nono — sa nourrice Auzanneau —, la Troubat ou la Gailledrat ne savaient que faire dans le grand logis poitevin pour divertir et choyer cette adorable petite fille. A treize ans, elle avait suivi les traces de son aînée et, selon la tradition familiale, on l'avait inscrite au couvent Sainte-Marie de Saintes dont la fondation remontait à l'an 1047.

Comme toutes les jeunes filles de haute naissance qui s'y retrouvaient «entre elles», elle y avait appris la lecture, la calligraphie, le calcul et des rudiments de latin liturgique, complétés par des cours de morale et de bonne tenue, et quelques travaux d'aiguille. En 1660, elle avait alors vingt ans, Françoise accueillit avec soulagement cette liberté à laquelle son esprit vif et frondeur aspirait. Enfin, on la conduisait à Paris. Enfin, elle était admise à la Cour, dont elle n'avait eu jusque-là que de vagues échos, aussitôt censurés et étouffés par les religieuses du couvent.

Sa mère y officiait déjà. Elle était dame d'honneur auprès de Sa Majesté la reine Anne d'Autriche. A sa demande, Françoise fut nommée demoiselle d'honneur de la nouvelle souveraine Marie-Thérèse, épouse du jeune roi Louis XIV.

Aussitôt, Françoise fut acclamée, demandée, disputée

par toutes les coteries. Au Louvre, à Saint-Germain, à Fontainebleau, elle fut de toutes les fêtes, dansant dans les ballets en compagnie du roi, de Monsieur, de Madame. On s'extasiait en la voyant paraître dans le ballet d'*Hercule amoureux*, où le souverain incarnait Mars et le Soleil, on se pâmait devant son rayonnement dans le ballet des *Arts*, entre pastoureaux, bergerettes et amazones enrubannées.

Elle fut saluée dès son apparition par tous les rimailleurs de la Cour qui, comme le fit Primi Visconti, se sentirent le devoir d'attester de sa beauté et de sa grâce :

Que d'appas ! Que d'attraits, de charmes —
Pour tout dire en un mot : que d'armes !

On la suivait partout, jusqu'en l'église de Saint-Germain-l'Auxerrois le jour de la Saint-Sylvestre de 1662, où elle quêtait pour les pauvres, fraîche, ravissante, dégageant une impression de pureté que soulignait encore la vertu de son comportement. Elle aimait et était aimée en retour. Les dieux semblaient avoir suivi les hommes et cédé devant tant de grâces, lorsque le 20 janvier 1662, au sortir d'un grand bal donné par Monsieur aux Tuileries, une querelle avait éclaté entre Monsieur de Chalais et Monsieur de La Frette. Le vin de champagne, qui avait coulé à flots, la jeunesse des deux fils de famille n'étaient sans doute pas étrangers à cet échauffement. Mais ils ne consentirent point à le reconnaître. Chalais souffleta La Frette qui, soutenu par son frère cadet, rendit coup pour coup.

Envenimée, la querelle les amena sur le pré, accompagnés de huit autres gentilshommes, au nombre desquels comptaient le jeune marquis de Noirmoutier, beau-frère de Chalais, et le jeune frère de Louis-Henry, le marquis d'Antin.

Il fallait se cacher pour se battre. Les édits contre le duel, qui décimait la jeune aristocratie de France et de Navarre, avaient été renouvelés par Sa Majesté et même durcis. De plus, le roi, qui avait été instruit de la querelle, s'était alarmé du tour qu'elle risquait de prendre. Il avait aussitôt dépêché au marquis de La Frette le chevalier de Saint-Aignan, pour qu'il s'interpose et lui fasse savoir la volonté de leur souverain. Or les menaces royales n'étaient pas édictées à la légère : Louis XIV menaçait les bretteurs de leur trancher le col, s'ils passaient outre.

Mais, au lieu d'accomplir sa mission, le chevalier de Saint-Aignan se rallia à la cause du marquis de La Frette. Le duel eut lieu à l'aube, derrière une chartreuse écartée du faubourg de Saint-Germain. On s'y battit sans moucheter les fleurets. Le soleil n'avait pas passé le toit des hôtels particuliers qu'un corps gisait déjà à terre. Transpercé par l'épée de Saint-Aignan, le jeune marquis d'Antin n'était plus de ce monde et le prince de Chalais, vaincu avec ses seconds, était blessé ainsi que Noirmoutier et Flamarens.

Atterrés par le spectacle de la mort, les sept survivants reprirent leurs esprits. Tous savaient parfaitement ce qu'ils encouraient. On se hâta donc de recouvrir le corps d'un drap, et l'on cacha le cadavre. Désormais, il ne leur restait plus qu'à perdre la tête sur le billot ou prendre la fuite.

Ce que fit, à jamais, le jeune marquis de Noirmoutier. Son bannissement de la Cour, il le savait, serait sans retour. Le roi, ivre de colère, exigeait une justice impitoyable et le procès, par contumace, toucha aussi la mémoire du « feu sieur marquis d'Antin ». Noirmoutier quitta le royaume, pour apprendre, hors les marches, que le Parlement l'avait condamné, ainsi que ses sept autres compagnons, à mort. Il mourut effectivement, mais cinq ans plus tard, pendant la guerre d'indépendance du Portugal.

Et Louis-Henry, glacé sous les étoffes brochées de son grand lit à baldaquin, se souvenait du jour où, pour la première fois, il avait vu Françoise. Toutes les espérances de la jeune fille s'étaient évanouies en cette matinée de janvier. Son union ne pouvait plus avoir lieu et, les yeux rougis, le teint pâle et le regard perdu, elle s'était retrouvée au côté du marquis de Montespan au moment funeste où la sentence du procès avait été rendue.

Louis-Henry, malgré la tristesse d'avoir perdu son frère, avait été immédiatement ébloui par la grâce de la belle. Son cœur, avec une indépendance insolite, s'était mis à battre violemment et ce sentiment l'avait quelque peu alarmé. Les femmes, à dire la vérité, ne l'intéressaient guère. Paysannes à moitié consentantes qu'il troussait gaillardement sur ses terres, ou filles de joie auxquelles il allait rendre visite avec ses pairs, lorsqu'il séjournait à Paris, c'étaient là toutes ses amours et cela lui suffisait. Sa lointaine cousine, Madame de Rocailles, s'en amusait souvent, grondant hypocritement cette « santé » de Gascon que la vie à la Cour n'avait pas encore amollie.

Avec la brusquerie des timides, Louis-Henry demanda la main de Françoise comme on monte à l'assaut. Il ne fut pas mal accueilli. Une même inclination, née de la double perte qui les avait abattus, les rapprochait. Il en était fou, elle était émue par les prévenances, les regards adorateurs qu'il lui décernait. Et puis il était beau, fougueux, franc et sain, et Françoise, qui connaissait déjà la sournoiserie, les intérêts et la duplicité de la vie à la Cour, ne voyait qu'avantages à une telle attitude.

L'aimait-elle à cet instant ? Cette question, Louis-Henry ne se l'était pas posée, et ce n'était d'ailleurs pas une attitude coutumière à ces temps. Les mauvaises langues, dont celle de Bussy-Rabutin, qui détestait furieusement la marquise, prétendaient qu'elle ne « souhaitait d'être mariée que pour pouvoir prendre l'essor ». D'autres lui prêtaient déjà de nombreux amants : Monsieur, qui la protégeait scandaleusement et la poussait sans cesse pour qu'elle bénéficiât de tous les avantages, et Puyguilhem, qui deviendrait plus tard comte et duc de Lauzun, « le plus insolent petit homme qu'on eût vu depuis un siècle », disait La Fare.

Louis-Henry s'en moquait. Dès qu'il l'avait vue, il avait su qu'il la voulait pour femme. Elle et aucune autre. De surcroît, elle représentait un fort beau parti pour lui, qui était fier mais terriblement désargenté. Et « cette alliance autant que la beauté de Françoise-Athénaïs avaient été cause qu'il l'avait recherchée en mariage et l'avait préférée à quantité d'autres qui auraient beaucoup mieux accommodé ses affaires », écrivit encore Bussy.

Dès qu'il fut agréé dans sa demande, il lui fit sa cour, pendant un an comme l'exigeaient les convenances. Tous les jours, il lui rendait visite, assistant en partie à sa toilette, lui tenant son miroir, allant même jusqu'à lui faire donner l'aubade sous ses fenêtres. Dans les jardins des Tuileries, on chuchotait sur le passage du jeune couple, les yeux dans les yeux, au bras l'un de l'autre. Radieux !

Curieusement, se souvint Louis-Henry, il ressentait déjà ce contraste de sentiments qui allait lui être fatal. Cette jalousie sanguinaire dès qu'on s'approchait d'elle, et Dieu sait si elle savait minauder, rire et repousser tout en invitant à ce que l'on continue à la courtiser, mélangée à la totale confiance qu'il avait en elle. Quel orgueil ! Mais comment aurait-elle pu le trahir, lui, un Gascon, dans les veines duquel coulait un peu de sang Bourbon ? Et puis elle montrait un tel art à le rassurer, en quelques mots acides sur le pauvre chevalier qui s'éloignait, marri et penaud...

Il l'adorait. Il adorait sa beauté et son esprit. Il s'enivrait de ses petites phrases cruelles qu'elle lui soufflait à l'oreille, sur les uns et sur les autres, faussement inconsciente de la caresse de ses boucles blondes sur la joue du marquis qui frémissait...

*

L'union fut célébrée le 28 janvier 1663, en l'église Saint-Sulpice. Louis-Henry et Françoise avaient alors vingt-trois ans. S'il s'agissait d'une alliance de choix, les clauses du contrat restaient fort peu avantageuses pour un couple qui devait affronter le train ruineux de la Cour. Le marquis d'Antin et sa femme assuraient à leur fils une rente annuelle de quinze mille livres tournois. Les Mortemart, de leur côté, donnaient à Françoise, comme ils l'avaient déjà fait pour leur aînée, Gabrielle, mariée en 1655 au marquis de Thianges, une dot de cent cinquante mille livres. En fait, ils n'en payèrent comptant que soixante mille, les quatre-vingt-dix mille restantes étant à prendre sur les biens de la famille après leur décès. Jusqu'à cet instant, ils s'engageaient à n'en servir que la rente, au denier vingt.

Quelles qu'aient été les raisons de cette clause, elle allait s'avérer rapidement désastreuse pour le ménage. Avec vingt-deux mille cinq cents livres de rente, sans le moindre capital pour parer aux premières grosses dépenses, le couple, pour faire face, se voyait contraint aux expédients.

Louis-Henry, toujours incapable de dormir, tournait et retournait dans le désordre de son linge froissé, pendant que le chêne de ses forêts se consumait dans l'immense cheminée de Bonnefont. Il faisait un froid cuisant. Le marquis, les larmes aux yeux, se leva pour jeter une bûche sur les braises et raviver le feu. Puis il se servit un peu d'armagnac dont les domestiques avaient toujours soin de remplir le service de nuit, en place d'eau de fleur d'oranger.

L'alcool lui brûla la gorge et lui apporta, pour quelques secondes, un peu de réconfort. Il tenta de fuir les souvenirs douloureux, mais ils étaient là, incontournables, impitoyables. Souvenirs d'espoirs et de jours heureux, quand il croyait son avenir magnificent, fructueux et plein de gloire.

Oui, il s'était marié en l'église de Saint-Sulpice, et jamais Françoise n'avait été plus belle, dans sa robe de brocart rouge, toute rebrodée de perles. La transparence de son regard, la perfection de son front de madone... L'émotion qui rosissait ses joues, et ce sourire qui découvrait des dents parfaites, éblouissantes... Tout était incomparable! Le marquis mordit en vain les dentelles de son oreiller.

Maintenant, c'était la voix de Françoise qu'il entendait lorsqu'elle s'amusait à conter à ses familiers comment, dès l'entrée dans l'église, elle s'était aperçue qu'elle avait oublié d'apporter les carreaux, ces coussins de soie brodée sur lesquels ils devaient tous deux s'agenouiller. Consternée, le feu au visage, elle s'était tournée pour faire part de son omission. On avait immédiatement envoyé un commis à l'hôtel de Mortemart, rue des Rosiers, où elle résidait encore. Mais le garçon, sans doute ému lui aussi, avait rapporté les coussins... des chiens, ce dont le couple ne s'était aperçu qu'après la lecture de l'Evangile...

Ils en avaient ri comme... ces enfants qu'ils étaient encore, des adolescents magnifiques en leurs costumes de soie, de broderies et d'ors que la foule acclamait sur le parvis de l'église. Loret était parmi les badauds. Et dès le lendemain de la cérémonie, le chroniqueur prenait la plume pour retranscrire ses impressions et ses émotions dans sa *Muse historique*:

Mardi, l'heureux marquis d'Antin,
Chéri du ciel et du destin
(Sans que personne y mît obstacle)
Epousa ce charmant miracle,
Ce divin paradis des yeux,
Ce rare chef-d'œuvre des dieux,
Cette demoiselle excellente,
Mortemart ou Tonnay-Charente,
Qu'on ne saurait voir sans amour,
Fille d'un des ducs de la Cour,
Et d'une autant aimable mère
Qu'il en soit sur notre hémisphère.
C'est donc à ce noble seigneur
De bien user de son honneur,
Car en possédant cette belle,
De toutes grâces le modèle
Et de sa maison l'ornement,
S'il n'aimait pas, uniquement,
Les agréments de sa jeunesse,
Sa vertu, douceur et sagesse,
Et ses adorables appas,
Il ne la mériterait pas.

Qu'il ne la méritât pas, certains le pensaient déjà. Ni le roi ni la reine ne signèrent le contrat, paraphé le 6 février suivant, date à laquelle, après cinq jours qu'elle passa encore chez ses parents, elle fut conduite par ceux-ci et par son frère à l'hôtel d'Antin, résidence des Montespan, où l'on donnait la plus brillante réception qui se pût imaginer. Ducs, duchesses, princes et princesses, maréchaux et prélats — en tout une soixantaine de personnes — vinrent saluer le jeune couple.

Une soixantaine de personnes dont ni le roi ni la reine

n'étaient. Louis-Henry, à cet instant, n'avait pas assez noté la légère humeur que cette désaffection avait provoquée chez sa femme. Tous le savaient. Ce n'était pas pour bouder les Mortemart que leurs altesses s'étaient abstenues. C'était bien à cause d'un différend qui les opposait — déjà — à la maison Montespan.

Le père de la mariée jouissait en effet de toute la sympathie de Louis XIV, comme son fils, le comte de Vivonne, dont la débauche savait aller se racheter brillamment sur mer. Quant à la duchesse de Mortemart, mère de Françoise, elle était toujours dame d'honneur d'Anne d'Autriche, qui la choyait.

La froideur des souverains ne tenait pas, non plus, comme le prétendirent alors les ennemis du marquis, à une union qu'ils auraient pu considérer comme une mésalliance. Louis-Henry était un bon parti. Désargenté, certes, pour l'heure, mais unique héritier de la maison, depuis que son frère aîné, Roger, marquis de Gondrin, avait trouvé la mort quelques années auparavant au siège de Mardyck. Ses deux puînés, le marquis d'Antin mort en duel, et Just de Pardaillan, comte de Miélan, mort aux armées, lui laissaient, en disparaissant eux aussi, l'héritage. Un héritage auquel devait s'ajouter celui de l'archevêque de Sens, « faux duc » de Bellegarde.

Quand il s'était marié, Louis-Henry était donc bien destiné à devenir le chef de nom et d'armes des Pardaillan de Gondrin et à concentrer dans ses mains les hoiries diverses d'une grande famille.

Seulement, la famille était gasconne. Forte en gueule, et frondeuse en diable. Et lorsque Louis-Henry avait convolé, les Gondrin n'étaient plus, à ce titre et depuis un certain temps, dans les faveurs du roi, ou peu s'en fallait. En fait, la disgrâce remontait à l'époque de celui que Brantôme avait surnommé « le Torrent de la Faveur », Roger II, duc de Bellegarde, homme exceptionnel qui avait su être le favori de trois rois !

Hélas, son héritier, le fils de sa sœur Paule de Saint-Lary, qui s'était mariée à un Pardaillan de Gondrin, n'avait pas hérité de l'art de son oncle.

« Homme obscur et fort extraordinaire », avait noté Saint-Simon, qui n'avait rien eu de plus pressé que de se jeter à corps perdu dans les complots les plus troubles. Pas une intrigue dont il ne soit. C'est ainsi qu'il avait acquis sa renommée dans les temps douteux de la Fronde, dont il avait pris avec hargne le parti, ajoutant à sa triste légende maintes mises à sac...

Pillard, Louis XIV s'en moquait. Tous ceux qui, à l'époque, montaient à cheval, portaient l'épée au flanc et les pistolets dans les fontes pour rejoindre un gros de partisans, faisaient leur main en cours de route. C'était l'usage. Depuis le XVIe siècle, tous les cahiers de doléances villageois accusaient les gens de guerre de rançonner les paysans, de les battre, de les outrager, de violer les femmes et les filles, d'emporter les meubles et les chevaux.

Les habitants de Prunay-le-Guillon se rappelaient encore amèrement le jour où la soldatesque était entrée dans leur village du Sud chartrain. Là, ils s'étaient emparés des petits enfants pour leur chauffer les pieds, exigeant des écus que les villageois ne possédaient pas...

Hormis quelques chefs de guerre, dont Beauvais-Nangis, bien peu mettaient un point d'honneur à respecter les populations. Le fait était même tellement rare que Marie de Médicis, informée, avait surnommé l'armée de Nangis les « religieux de Beauvais ». Quant aux capitaines, les mieux intentionnés qu'ils fussent, il leur était impossible d'empêcher ces violences, au risque de ne plus être obéis par leurs troupes. Mal payées, elles se rattrapaient comme elles le pouvaient sur le pays, et le désir de s'enrichir en pillant restait le plus puissant aiguillon pour mener à la victoire. Le Tellier et son fils Louvois avaient bien tenté de redresser la situation, mais sous le règne de Louis XIV, le pillage connaissait encore ses heures de gloire.

En revanche, ce que le roi ne pardonnait pas, c'était qu'un obscur seigneur eût osé prendre les armes contre lui. Louis XIV avait été marqué dans sa chair et dans sa mémoire par les temps de la Fronde. Par l'épreuve et la honte de sa fuite hors Paris. La construction de Versailles en était l'une des conséquences. Sa rancune ne s'était pas amenuisée au cours des ans. Et le tempérament de l'archevêque de Sens, Louis-Henry de Gondrin, prélat courtois et de bon commerce, intelligent mais hardi, fier de sa race jusqu'à la hauteur la plus sourcilleuse, autoritaire, processif comme il convenait à l'époque des *Plaideurs*, n'avait rien fait pour effacer l'esprit de revanche qui animait le roi.

Gourville se plaisait à dire que cet encombrant faux duc de Bellegarde avait de l'esprit, parlait extrêmement bien, mais hélas, trop, et trop fort. Son orgueil de Gascon, qui clamait haut qu'il n'avait rien à attendre, et surtout pas d'ordres, de la Cour, lui attirait un grand nombre d'ennemis, ravis de colporter ses fanfaronnades auprès du roi, dans l'espoir de quelques faveurs.

Comble d'insolence, le prélat, après une jeunesse gaillarde et intimement liée aux cabales de la Cour, s'était piqué de verser dans la dévotion... et plus particulièrement dans le jansénisme. C'était beaucoup pour Louis XIV, peu enclin au pardon. Et quelle que fût la faveur de la reine pour les Mortemart, il était hors de question pour lui d'honorer de sa présence un mariage contracté dans un bastion ennemi.

*

Financièrement au moins, Louis-Henry était bien obligé d'en convenir, son mariage n'avait pas débuté sous des auspices très favorables. Parce qu'il n'avait pas assez d'argent, le couple s'était installé dans un médiocre logement de la rue de Taranne, à l'ombre des trois clochers de Saint-Germain-des-Prés. L'appartement était petit, modestement meublé, mais quelle importance... ? Ils s'aimaient. Elle l'aimait, se rappelait le marquis, en jouant avec les pincettes dans le feu qui flambait maintenant haut et vif, sans pour autant réchauffer l'atmosphère glacée de ce château des Pyrénées, que Françoise n'avait daigné visiter qu'une fois.

Oui, elle l'aimait, à cette époque. Il en était sûr. La jolie marquise ne pouvait pas feindre à ce point dans ses bras, lorsqu'il lui prouvait son amour et son désir avec toute la fougue de la passion et de la jeunesse. La nuit, chaque nuit, les unissait et l'aube les trouvait, alanguis, étendus sur les draps de batiste que flammait d'or la riche chevelure de Françoise.

La nuit, oui. Mais le jour ? Le jour, Françoise l'oubliait, et il n'avait pas su le voir assez tôt. Frémissante, dès l'heure de sa toilette, elle ne songeait qu'à l'écarter en riant, toute préoccupée de la robe, des parures qu'elle voulait porter. Il lui en fallait de nouvelles chaque jour. Les marchands du pont au Change la connaissaient déjà, flairant chez cette jeune beauté, tout épanouie par les plaisirs de l'amour, un goût sûr pour les plus belles étoffes.

Velours, brocarts, soies, perles, tout semblait créé pour elle. Elle voulait rayonner à la Cour, comme une enfant joue à être la fée ! A la Cour, où il n'était pas admis, lui, son mari, le marquis de Montespan.

Souvent, en cherchant à la retenir quelques minutes

encore auprès de lui, il éclatait de l'une de ses colères légendaires qui la faisaient à peine rosir. D'un rire, d'une réflexion badine, d'une caresse, d'une promesse de le retrouver le soir même, elle savait l'amadouer. Et la nuit venue, effectivement, avec ce talent unique de conteuse qu'elle possédait, elle lui faisait revivre sa journée, blottie dans ses bras, toute en grâces et en fous rires.

Ainsi, deux semaines à peine après leur mariage, Françoise costumée en bergère dansait dans un nouveau ballet au Louvre, en compagnie de Mesdemoiselles de Saint-Simon, de Sévigné et de La Vallière.

Louis-Henry se le rappelait fort bien. C'était à l'aube de cette fête, à l'aube exactement, qu'il avait pris le parti de la mériter. Dans la rue, tous les échotiers chantaient la beauté de Françoise, louaient son apparition au côté des dames les plus en faveur à la Cour.

Sa nature gasconne ne pouvait supporter de rester reléguée dans l'ombre. Il voulait briller à son tour. Conquérir une place à la Cour. Glorieusement, et au côté de celle qui était sa femme...

III

La guerre en trompe-l'œil

S'il ne pouvait briller à la Cour, Louis-Henry de Pardaillan était bien décidé à briller dans les salons. En mal d'argent, en mal de gloire, il avait suivi Françoise jusqu'à l'hôtel d'Albret, rue des Francs-Bourgeois, chez le maréchal, son cousin.

Là, sous les lambris dorés, dans les vastes galeries éclaboussées par les lueurs des grands feux, se pressaient tous les familiers de l'ancien hôtel de Rambouillet. Très vite, Françoise avait su conquérir les cœurs. Elle venait d'apprendre qu'elle était enceinte, et cette grossesse l'embellissait encore. Parfaitement consciente de sa séduction, la jeune femme, malgré un mois de mars encore froid, arborait de magnifiques décolletés et sa splendide gorge étourdissait plus d'un mondain, pourtant blasé en la matière.

Louis-Henry était toujours aussi fou d'orgueil en la voyant papillonner, ivre de bonheur à l'idée qu'elle allait lui donner un fils, ivre de bonheur à l'idée que cette beauté que tous lui enviaient était sa femme. Ce qui ne lui évitait pas pour autant quelques algarades avec elle. Louis-Henry était un sanguin, un jaloux, et il détestait que l'on tournât trop près de celle qui était sienne. C'est à ce moment-là que Françoise avait décidé de sacrifier à la mode néo-classique, et de changer de prénom. Elle trouvait le sien par trop provincial. Dorénavant, elle s'appellerait Athénaïs. Et ma foi, se souvenait Louis-Henry, il avait été obligé de convenir que cela seyait à merveille à son allure de déesse.

A l'hôtel d'Albret, l'humeur était plutôt joyeuse. César-Phoebus, sieur de Pons, comte de Miossens, leur hôte, jouissait d'une réputation bien établie de libertin. De toute évidence, et sans qu'il s'en cachât, il préférait les plaisirs de l'alcôve à ceux des armes, ce que Louis-Henry, en bon Gascon, ne pouvait lui reprocher. Après tout, n'étaient-ils pas cousins ?

On contait même que ce diable de Phoebus avait gagné son bâton fleurdelisé en conduisant à Vincennes, sur l'ordre de la régente, les princes de Condé et de Conti. « C'est un maréchal, ironisait-on, que la seule vue d'un marcassin fait tomber en syncope, mais pour la bagatelle, toujours volontaire ! »

Volontaire, il l'était aussi pour s'entourer des meilleurs esprits que comptait la Cour à cette époque. En quelques années, il avait su attirer dans ses salons les plus fins lettrés, poètes, musiciens, abbés galants, tous portés à l'amusement et... au jeu. A tous les jeux auxquels on s'adonnait avec passion. Avec une petite prédilection pour le billard et les paris, qui excitaient les aristocrates. Ils avaient un objet bien défini : miser sur l'avenir politique des princes qui excellaient à mettre au point de savantes stratégies pour soutirer quelques faveurs du roi en manipulant un nombre invraisemblable de personnes. Il fallait alors faire preuve d'adresse dans l'art de dénicher un médiateur qui favoriserait les desseins des uns et des autres auprès du souverain, sans avoir à intercéder directement auprès de lui. Toutes les cabales, cachotteries, n'étaient secret pour personne, et se répétaient à l'envi. Et ces stratégies d'alcôves qui enchantaient particulièrement Françoise-Athénaïs et qui faisaient la joie des initiés, exaspéraient Louis-Henry. Activités de cour par essence, ces spéculations, sur lesquelles on misait fort cher, avaient le don de le mettre hors de lui.

Aujourd'hui, tout occupé à faire un bilan de l'échec de son couple, le marquis de Montespan en savait la cause : c'est parce qu'il en était exclu, comme il était exclu de la Cour, que ces misérables manœuvres lui donnaient la nausée. Et puis, malgré la chaleur de ses hôtes, c'était toujours vers Françoise qu'on se tournait pour quémander de nouveaux potins. Elle qui adorait les raconter, les enjoliver, avec cet humour féroce qui les enchantait tous et qui chaque fois touchait sa cible en plein cœur.

Alors, pendant qu'on l'entourait, Louis-Henry cherchait à prendre sa revanche au jeu, encouragé dans sa folie par Françoise elle-même.

A la bassette, au reversi, à l'hombre, et quelquefois à la petite prime, il jouait à en perdre la notion du temps et son or.

Lorsque ses comparses l'avaient délesté de la dernière pistole et du dernier écu, Louis-Henry n'avait plus qu'à écouter, la bouche amère, la relation de ces soirées à la Cour dont il n'était pas.

La Cour, toujours la Cour. Il enrageait de ne pouvoir y accompagner Françoise, de n'être pas le héros de ces anecdotes, de n'être pas assez fortuné pour y faire une entrée en force. Alors le jeu, comme pour tous les autres gentilshommes, lui offrait au-delà du plaisir immédiat un moyen de se soutenir avantageusement devant le prince.

Gagne-pain hasardeux, pratiquement obligatoire, qui

les laissait tous, en fin de compte, ou dépouillés jusqu'à l'os, ou à genoux devant la cassette royale. Plus tard, Antin, leur fils, saurait avouer crûment dans ses *Mémoires* cette nécessité quotidienne et fatale !

En fait, durant ces premiers mois de mariage, Louis-Henry devait en convenir, il avait désespérément rêvé, lui le marquis, de bénéficier des introductions de sa femme, intensément imaginé ce que serait sa vie dans la société luxuriante et florissante de ces années de grâce 1660.

Les robes rouges avaient définitivement vaincu les chapeaux à panache, les vieilles bandes espagnoles étaient en fuite. Et tandis que les commis incomparables légués par Mazarin travaillaient à la gloire de Louis XIV, celui-ci, beau, galant, magnifique il est vrai, et si jeune ! promenait sa cour de fête en fête, de château en château, des Tuileries à Saint-Germain, de Fontainebleau à Versailles, selon son humeur, ses envies et son bon vouloir.

Ce n'étaient que carrousels et ballets, fêtes et rendez-vous bucoliques, chasses et bals, donnés pour le ravissement — et l'asservissement — des nobles et le triomphe de Louis. Admirable cavalier, le roi était aussi un délicieux danseur, qualité que n'avait jamais pu acquérir Louis-Henry. Françoise, mille fois, avait tenté de lui enseigner quelques figures. Mille fois elle avait dû baisser les bras et, encore naïvement à l'époque, le gourmander de sa gaucherie en comparant sa lourdeur à la grâce du souverain.

Les jours passaient, et Françoise partait de plus en plus tôt pour la Cour, et rentrait souvent à des heures fort indues, la bouche pleine de dithyrambes et d'images enchanteresses : celles des cortèges en gondoles sur les eaux calmes du Grand Canal. Le roi, Madame, et la favorite, Louise de La Vallière, dans la première embarcation, suivis d'une troupe de musiciens et d'autres gondoles encore, emplies de rires et de soupirs... de bribes de musiques qui se perdaient sous les frondaisons des grands chênes.

Il était jaloux, c'est vrai, mais d'elle et de ses succès, jaloux de ne pouvoir lui apporter, seul, les mêmes émerveillements. Quant à la vertu de l'irrésistible Athénaïs, pourquoi en aurait-il douté, en ce beau printemps ? Son épouse s'arrondissait de jour en jour. Elle portait le fruit de leur amour. Et tous, même les plus mauvaises langues, s'accordaient à reconnaître qu'elle restait fidèle au milieu de cette société où, suivant la piquante expression de Louville, tant de femmes montraient des mœurs« à l'escarpolette » détestant, comme la duchesse de Longueville, les plaisirs innocents.

Madame de Caylus elle-même témoignait de sa vertu : « Loin d'être née débauchée, le caractère de la marquise de Montespan était naturellement éloigné de la galanterie et porté à la vertu. »

D'ailleurs, la reine elle-même, pourtant si cruellement malheureuse dans sa vie conjugale et si douloureusement jalouse, avait tenu Madame de Montespan pour une honnête créature, très attachée à ses devoirs. De jour en jour, elle avait fini par concevoir pour cette jeune femme si spirituelle et enjouée une vive amitié : Françoise-Athénaïs était la seule à savoir la faire rire, pendant que le roi, elle le savait, coulait de douces heures dans les bras de Louise de La Vallière...

*

Ainsi, Louis-Henry en convenait maintenant, bâillait-il de plus en plus souvent, en cette fin de printemps 1662, pendant les conversations mondaines de son cousin. Plus que jamais, il voulait faire triompher ses mérites, mais la fortune ne l'aidait pas au jeu, bien au contraire, l'argent —

et Dieu sait combien ils en manquaient — filait par les fenêtres. Désormais, il ne lui restait plus que les armes pour conquérir le cœur de sa belle. C'était là un moyen traditionnel d'accéder aux plus hauts titres, et probablement la manière la plus glorieuse d'amnistier les fautes de sa famille, surtout celles de son tapageur d'oncle, le duc de Bellegarde.

Inopportunément, se rappelait le marquis, la France était alors en paix. Dieu merci, un petit différend l'opposait à la Lorraine, terre d'empire. Le traité dit de « la foire » avait été signé l'année précédente, en février 1662 exactement, à Montmartre et par ce traité, Charles IV, duc de Lorraine et de Bar, avait cédé immédiatement et sans condition à Louis XIV la ville de Marsal, lui léguant à sa mort les duchés de Lorraine et de Bar.

Hélas ! si Louis XIV s'était empressé de signer le traité, Charles IV, de son côté, avait omis de le donner à ratifier à son neveu, le prince Charles, héritier présomptif. Le traité était donc resté lettre morte, et Charles IV oubliait régulièrement de livrer la ville de Marsal.

En août 1663, las de tant d'atermoiements, le roi avait annoncé haut et clair qu'il irait lui-même prendre la ville. Enfin l'occasion de sortir de son misérable anonymat se présentait à Louis-Henry. Enfin il allait pouvoir se montrer sous son meilleur jour : au combat. Enfin il allait faire acte de bravoure, et avec le cœur de Françoise, gagner définitivement celui du roi... Louis-Henry s'était rué sur l'aubaine. Le jour même, il avait fait savoir qu'il était volontaire.

La nuit avait été légère, le réveil réfléchi. Comment allait-il se procurer les espèces sonnantes et trébuchantes pour financer sa belle équipée ? Le jeu, les fastueuses toilettes de Françoise avaient déjà largement entamé la maigre rente que les Mortemart leur avaient octroyée.

Montespan était passé outre ces « petits » détails partant du principe qu'il existait dans la capitale plus d'un bon bourgeois, plus d'un usurier qui se ferait une gloire de prêter à la maison d'Antin.

Pendant plusieurs jours, il avait couru d'adresse en adresse, quêtant auprès de ses relations des noms de prêteurs généreux et discrets. Enfin, au bout de quelques semaines, il les avait obtenues. Le 17 août 1663, pour participer à l'expédition de Lorraine, il recevait de Marguerite Perreau, femme séparée de Bernard Barrauque, bourgeois de Paris, un prêt de 4000 livres. C'était bien sûr insuffisant. L'un de ses bons amis lui avait alors glissé le nom de Pierre Cheveau, grand pourvoyeur d'écus... en principe, assez avare dans la réalité. Les 600 livres qu'il en obtint n'amenaient toujours pas à la somme indispensable pour s'équiper avec toute la magnificence qu'il souhaitait.

Alors, puisque Françoise-Athénaïs avait, elle aussi, besoin d'argent (son ventre s'arrondissait et elle désirait de nouvelles toilettes pour cacher son état), il l'avait entraînée chez Charles de Seignerolles, un usurier qui demeurait rue des Anglais et dépendait — Dieu fermait sous doute les yeux — de la paroisse de Saint-Séverin.

Ce rendez-vous, Montespan se le rappelait avec dégoût. Les regards aigus et gluants de fourbe qu'il avait fallu affronter pour obtenir ces 7750 livres supplémentaires ! Louis-Henry se souvenait encore de la reconnaissance de dette qu'ils avaient signée tous les deux, et sur laquelle l'usurier avait mentionné que cet argent était prêté pour « employer en leurs affaires et particulièrement pour équiper ledit seigneur marquis de Montespan pour suivre le roi en son voyage de Lorraine, sans quoi ledit créancier n'aurait prêté ladite somme ».

Comble d'infamie, il avait encore fallu une caution car ni le marquis ni la marquise n'avaient l'âge légal, qui était de vingt-cinq ans, pour s'endetter. Ce furent les Pancatelin, un couple qui vivait près le pont Notre-Dame, et les Chevillet, marchands au pont au Change, qui eurent cet honneur ! Car, bien évidemment, il était impensable de quémander un tel service à leurs ascendants. Comment le marquis se le serait-il permis ? Louis-Henry avait déjà saigné sa belle-famille. Son beau-père, quelques jours auparavant, lui avait consenti une avance de 2000 livres sur leur rente annuelle et Vivonne, un prêt de 500 livres.

Une belle somme que Louis-Henry, contrairement à ce que les mauvaises langues prétendaient, n'avait pas perdue au jeu mais qu'il avait convertie en une ravissante parure d'émeraudes pour Françoise-Athénaïs. Physiquement absent de la Cour, il voulait du moins que l'on y sache que le marquis de Montespan savait rendre hommage à la beauté et à la vertu de son épouse.

Avec de tels emprunts, Louis-Henry aurait pu s'offrir un régiment. Il se contenta de s'équiper raisonnablement en chevaux, mulets, valets et bagages, abandonnant le reste entre les fines et blanches mains de la dispendieuse marquise, qui l'utilisa à régler quelques dettes pressantes.

Et enfin, ce fut le jour du départ ! Marsal, sur la Seille, n'était pas une grande ville, mais elle commandait Metz, défendait Lunéville et Nancy. Et depuis 1632, elle était au cœur des négociations en Lorraine et en France et, pour cette position, elle avait acquis valeur de symbole. Ce qui explique assez les inquiétudes de Louis XIV lorsqu'il avait appris que Charles IV, qui s'était une nouvelle fois tourné vers Vienne, en augmentait la garnison et travaillait depuis quelques mois à fortifier la ville qu'il lui avait pourtant cédée par traité. Ulcéré, le roi avait décidé d'y mettre bon ordre. Louis-Henry s'était réjoui de la décision, certain, comme on le murmurait dans les salons de l'hôtel d'Albret, que la guerre allait suivre...

Le jour de la Saint-Louis, une messe avait été donnée dans la chapelle du Louvre, à laquelle il avait assisté, frémissant de bonheur, heureux d'approcher enfin le roi et certain que cette campagne allait lui apporter la gloire avec son brillant cortège d'avantages. Il se laissait griser par les accents du grand orgue et les parfums de l'encens, se disant que lorsque l'on avait la reconnaissance du roi, on pouvait espérer quelques titres au sein des armées, dévolutions maintenant contrôlées par Louvois et assorties de rentes. Et que ces nominations ne manqueraient pas d'attirer autour de lui une ruée de grands du royaume, avides de quelque intercession pour eux-mêmes, sans parler de la meute encore plus pressante d'usuriers et de prêteurs, heureux d'ouvrir leurs cassettes à un personnage si important. Oui, pendant ce Te deum, Louis-Henry avait senti son sang brûler ses veines, et tout son être palpiter de mille désirs : il avait vingt-trois ans, et tous les espoirs lui étaient permis...

Le 25 août, la troupe avait levé le camp et pris la route de Châlons. Le régiment du marquis de Montespan suivait, mené par le fougueux Gascon, qui ne rêvait que d'en découdre. Le 30, déjà, ils étaient à Metz devant les somptueux campements du roi, qui occupaient, blasons au vent, tout l'horizon. Le 31, le roi avait passé en revue les troupes du maréchal de La Ferté-Senneterre, désignées pour renforcer le siège.

Louis-Henry en avait eu la bouche asséchée. Qu'on en finisse enfin ! Qu'il ait l'occasion de montrer sa bravoure, la chance et l'honneur de chevaucher aux côtés de Sa Majesté. La Ferté-Senneterre avait déployé ses troupes sous les fortifications... Et tout s'était arrêté là ! La seule démonstration des forces de Louis XIV avait suffi. Trois jours plus tard, Charles IV arrivait à Metz pour y signer un nouveau traité et offrir Marsal à la France. L'armée du Très-Chrétien avait vaincu, sans même tirer un coup de mousquet. Tête basse, désenchanté, Louis-Henry était revenu à la mi-septembre à Paris, avec toute la Cour. Sans rien. Rien à raconter. Rien à exhiber, ni décoration ni titre, mais plus désargenté que jamais. Françoise-Athénaïs l'attendait, toute ronde maintenant, éclatante de beauté et de sensualité. Alors il l'avait aimée avec passion et désespoir, s'interrogeant pour la première fois depuis leur mariage sur le bonheur de sa femme à le retrouver : qui saluait-elle ainsi ? Le retour de la Cour et la reprise des fêtes ou son anonyme mari ?

Dès le lendemain, les mornes après-midi avaient repris dans les salons de l'hôtel d'Albret, les paris sur des noms plus glorieux que le sien, les fugues d'Athénaïs vers des fêtes de plus en plus somptueuses. Athénaïs qui, à son tour, semblait fort décidée à réussir, fût-ce seule et par ses propres moyens...

*

Pendant l'absence de Louis-Henry, la jeune marquise avait assuré ses positions. Profitant de la prise de voile de sa sœur, Marie-Madeleine-Gabrielle, future abbesse de Fontevrault, cérémonie honorée par Anne d'Autriche et la reine Marie-Thérèse, elle s'était liée d'amitié avec Mme de Thianges qui bénéficiait de toutes les introductions nécessaires pour entrer dans le petit groupe de privilégiés qui fréquentaient la maison d'Orléans : au Palais-Royal, se retrouvait en effet la jeunesse la plus titrée et la plus joyeuse de ces années-là. Autour de Monsieur, Philippe, duc d'Orléans et de son épouse, Henriette d'Angleterre, les jours et les nuits s'écoulaient, pimentés d'intrigues, de secrets et de cabales, dans un luxe insensé.

Pendant ces mois d'automne, Françoise, que sa grossesse n'incommodait pas le moins du monde, semblait échapper de plus en plus souvent aux regards de Louis-Henry, perdu dans ses dettes, jonglant avec les usuriers pour préserver leur train de vie, incapable, toujours à cause de la réputation de son oncle, de garder autour de lui un groupe d'amis fidèles indispensables pour obtenir un brevet d'officier.

Plus les jours s'écoulaient, plus le marquis de Montespan réalisait, probablement avec inquiétude, que leurs relations s'attachaient davantage à Françoise-Athénaïs qu'à lui-même. Et maintenant, dans sa solitude endeuillée de Bonnefont, il était bien forcé de reconnaître qu'il avait alors souvent accablé sa femme de ses humeurs et de ses violentes colères. Mais il l'aimait tellement... si totalement... L'avait-elle vraiment compris ?

Le 15 novembre 1663, soit dix mois seulement après leur mariage, Françoise-Athénaïs donnait naissance à leur premier enfant, une petite fille qui fut ondoyée deux jours plus tard à Saint-Sulpice.

La naissance s'était passée sans problème. A peine remise de ses couches, l'enfant confiée, comme le voulait la coutume, à une nourrice, la marquise avait repris le chemin des mondanités. Un ballet se préparait au Louvre et Françoise-Athénaïs en avait été avertie. Le divertissement, funeste présage, s'intitulait *Amours déguisées*, et devait être donné, devant toute la Cour, pour le carnaval. Françoise riait encore de bonheur en racontant à Louis-Henry qu'elle y figurerait en nymphe maritime, entre Mesdemoiselles d'Elbeuf, de Vibraye et de Sévigné, dansant autour de Monsieur, dévêtu en « dieu marin » et brandissant au-dessus d'elles, tel Neptune écumant, un trident de bois doré — insolence dont Françoise n'avait pas saisi la portée. Et pendant ce temps, la paix durait ! Et pendant ce temps, Louis-Henry piétinait, ne sachant comment exprimer cette fougue qui s'exaspérait en lui. Françoise, radieuse et sereine, l'exhortait au calme, lui assurait que par son entremise elle saurait bien faire oublier au roi les frasques de l'oncle importun et que pour cela, elle avait d'ailleurs un plan. Son idée était d'asseoir son influence dans la maison d'Orléans, et par ce biais, de s'imposer ensuite à la Cour. Ce fut là qu'elle commit sa première bévue. Une bévue qui aurait pu tourner toute cette maudite histoire à l'avantage de Louis-Henry, si l'affaire n'avait pas été rattrapée au dernier moment. Fallait-il qu'Athénaïs possédât une grâce toute particulière pour s'en sortir à si bon compte...

Françoise s'était liée à Catherine de Neufville, fille du maréchal de Villeroy. Elle prétendait que l'introduction dans la maison d'un si brillant officier royal ne pouvait avoir que d'heureuses suites pour Louis-Henry. Hélas ! Catherine de Neufville, devenue par son mariage comtesse d'Armagnac, avait un esprit perfide, tout en ruse et en hypocrisie, et cherchait, elle aussi, de son côté, à se servir de la ravissante marquise pour parvenir à ses fins.

Son désir était simple : elle voulait par-dessus tout devenir la confidente, l'âme damnée de Monsieur. Or celui-ci tendait plutôt à livrer ses secrets à son épouse, Henriette d'Angleterre, dont la droiture et les jugements moralisateurs tempéraient un peu les ardeurs de Philippe d'Orléans. Pour comble d'infortune, il y avait derrière Henriette une autre femme, bigote en diable, qui la suivait comme son ombre et lui répétait tous les bruits, toutes les cabales qui se préparaient au Palais-Royal. Cette favorite avait pour nom Madame de Mecklembourg. Il fallait donc l'évincer au plus vite, et Madame d'Armagnac comptait beaucoup sur le crédit dont jouissait Madame de Montespan pour y parvenir.

Tous les jours, à coup de flatteries, de petits cadeaux, la comtesse demandait à la jolie marquise d'exiger de Monsieur le renvoi de Madame de Mecklembourg. C'était sans compter sur l'influence d'Henriette. La manœuvre échoua et Madame d'Armagnac, disgraciée, dut quitter le Palais-Royal. Monsieur, qui avait, à défaut de tendresse, une très grande amitié pour la marquise de Montespan qui savait si bien le faire rire, décida, contre toute attente et contre une nature assez lâche dans ce genre d'affaire, de s'en mêler. La Cour résidait alors à Fontainebleau et préparait les fêtes d'une saison qui s'annonçait brillante lorsque Philippe d'Orléans déclara haut et fort qu'il n'y assisterait pas si Madame d'Armagnac et Madame de Montespan ne pouvaient y paraître.

L'affaire fit grand tapage et Françoise, blottie dans les bras de son mari, tremblait en attendant le verdict. Allait-elle perdre toutes ses introductions sur un coup de dés aussi malchanceux ? Louis-Henry avait beau lui assurer qu'il n'y avait là rien de bien grave, Françoise en jugeait autrement. Elle avait su que le roi avait pris position dans le litige, et du mauvais côté pour elle. Il avait publiquement et solennellement appuyé la décision d'Henriette. Et bien que la reine mère, qui détestait sa belle-fille, prît fait et cause pour Monsieur, Henriette d'Angleterre gagna la bataille. Ni la marquise de Montespan ni Madame d'Armagnac ne purent aller à Fontainebleau. Les médianoches se déroulèrent sans elles. Et Françoise-Athénaïs, dans son logis parisien, pleura avec de gros sanglots d'enfant punie...

Les affaires du couple paraissaient donc mal engagées.

Les dettes s'accumulaient. Et rien, à l'horizon, ne semblait augurer une amélioration de leur situation. Seule Françoise continuait de construire son avenir sur un projet qui la tenait éveillée chaque nuit.

La préoccupation principale de la Cour, en cette fin d'hiver 1664, consistait à parier sur les heureuses élues qui prendraient la charge de dames d'honneur de la reine Marie-Thérèse. Ces charges, outre l'influence énorme et la clientèle qu'elles constituaient, présentaient d'autres avantages non négligeables. Les dames d'honneur, en effet, étaient logées au Louvre, largement pensionnées, et se devaient de suivre la souveraine dans tous ses déplacements, avec la merveilleuse obligation, aux yeux d'Athénaïs, de composer le plus brillant entourage qui fût.

Les places étaient limitées. L'étiquette exigeait, pour ces fonctions, deux princesses, deux duchesses, et deux marquises ou comtesses.

Françoise était tout entière tendue vers le but qu'elle s'était fixé : cette charge dont elle mesurait parfaitement le danger qu'elle représentait pour son couple. Déjà fort absente du modeste domicile conjugal de la rue de Taranne, elle savait qu'elle devrait pratiquement l'abandonner...

Louis-Henry, à ce souvenir, frissonna. Maintenant, à Bonnefont, il comprenait l'étendue catastrophique d'une telle nouvelle. Surtout, il s'étonnait de n'avoir pas su, alors, l'interdire à Françoise, ou du moins s'alarmer de la rage qu'elle avait mise à postuler cet emploi. Comment avait-elle pu consentir si facilement à le quitter ? A ne plus le voir ? Et le marquis, le regard brouillé, se rappelait le jour où elle lui avait annoncé sa nouvelle grossesse. Sans s'arrêter sur son visage sombre et la lueur mauve qui obscurcissait dangereusement le bleu de ses yeux, il l'avait prise dans ses bras. Cette fois, il en était sûr, ce serait un fils que la belle marquise donnerait à la maison Montespan et aux Bellegarde, dont il restait lui-même le seul héritier. Il était si heureux ! C'est alors qu'elle l'avait violemment repoussé. Pour la première fois depuis leur mariage.

Oui ! Elle avait pleuré de se savoir grosse, tandis qu'il était allé vider force pichets de vin, après une querelle épouvantable, faute de comprendre ses réticences. Bien sûr, la précarité de leur situation financière les avait obligés à envoyer leur petite fille à Bonnefont, où Chrestienne de Zamet s'employait à l'élever. C'était vrai. Mais qu'on lui donne seulement une chance de se racheter, et tout irait pour le mieux. Une chance de gloire ! Et son fils naîtrait dans une maison digne de lui, où son nom brillerait de mille feux...

A force de flatteries, de grâces, de toilettes somptueuses et nouvelles pour honorer sa future position et à force de coquetteries, Françoise avait fini par gagner. C'était un tour de magie, tant les prétendantes étaient nombreuses. Il suffit pour s'en persuader de consulter les notes du duc d'Enghien :

« Presque toutes les femmes de la Cour y prétendent, écrivait-il, le 22 février 1664. Chacune fait sa cabale pour cela. L'affaire, aujourd'hui, est entre Mademoiselle d'Elbeuf, Madame de Bade, Madame d'Armagnac, Madame de Créqui, Madame de Richelieu, Madame d'Humières, la comtesse de Guiche et Madame de Montespan. Le roi en choisira six, mais je crois que la reine serait bien aise qu'il n'y en eût point dont il pût être amoureux. »

Françoise, pour gagner la bataille, n'avait usé que d'un seul atout : sa faveur auprès de Monsieur, qui voyait aussi en elle un excellent moyen d'être renseigné de tout ce qui se passait dans l'entourage du roi. En se mariant, Athénaïs avait pourtant perdu ses fonctions de fille d'honneur. Mais Philippe d'Orléans pesa de tout son poids auprès de son frère, et elle obtint la charge. Une charge qui, bien entendu, n'entendait pas inclure dans ses fonctions à la Cour son encombrant mari.

C'est donc seule qu'en avril 1664, à Saint-Sulpice, sa paroisse, elle tint sur les fonts baptismaux un jeune Maure qui désirait se faire chrétien. L'assistance qui l'entourait était composée des plus beaux titres de la Cour. Athénaïs rayonnait sous leurs regards, comme une pierre précieuse elle lançait mille feux qu'on lui rendait, éclat pour éclat. Ce fut l'abbé Bossuet qui prononça l'homélie, et le gazetier Loret qui composa ce petit placet en forme d'oracle !

La marraine fut cette belle
Qui contient tant d'appas en elle,
La Marquise de Montespan,
Le merveilleux modèle ou plan
D'un extrêmement beau visage
D'une dame charmante et sage,
Où les grâces font leur séjour,
Que depuis quelque temps la Cour
Met au nombre de ses miracles.

Enfin, pour elle, la vie, la vraie, la seule désirable reprenait. Et quand Louis-Henry, éreinté par les dettes que la nouvelle fonction de sa femme l'obligeait à contracter, lui demandait si elle avait pu intercéder en sa faveur, elle lui répondait qu'il lui fallait user d'un peu de patience.

Désormais, et Louis-Henry s'en rendait parfaitement compte, Françoise-Athénaïs n'avait que fêtes en tête, et les plus belles à venir se préparaient à Versailles. Elles avaient pour nom les « Plaisirs de l'île enchantée ».

Françoise, qui en connaissait le thème tiré de l'*Orlando furioso* de l'Arioste, dévorait l'ouvrage, pour tout savoir du preux Roger, captif de l'enchanteresse Alcine, mais que l'anneau magique d'Angélique finit par délivrer du maléfice. Le seul encore à comprendre le désarroi du jeune Gascon, peut-être même à deviner le tour que prenait le ménage et la lente dérive vers d'autres cieux de sa sœur, fut Vivonne.

Dès qu'il apprit la nouvelle, il vint la dire à Louis-Henry : le roi préparait une campagne contre les Barbaresques. La gloire était peut-être de l'autre côté des mers, à Alger...

IV

Illusions et désenchantements

L'expédition, qui avait pour objet de faire rendre l'âme, qu'ils n'étaient pas censés avoir, aux Barbaresques, était commandée, hélas, par le duc de Beaufort, petit-fils du roi Henri IV, mais qui n'avait hérité de son ancêtre aucune des qualités guerrières nécessaires à une campagne de pareille envergure. Beaufort était aussi impétueux que désorganisé, fougueux que brouillon dans ses décisions et sa stratégie. Son rang, son sang donnaient à ses commandements force de loi sur ceux de ses aides, le général de Gadagne, vétéran de Rocroi, et ses deux adjoints, Louis-Victor de Rochechouart, duc de Vivonne, et le jeune La Guillotière.

Depuis longtemps, les exploits des pirates barbaresques en mer Méditerranée excédaient Louis XIV. De nuit, sans bruit, les sauvages attaquaient toutes ses places fortes, pillaient, volaient, violaient et semaient la terreur sur les routes maritimes que le roi entendait bien garder, et contrôler, au désavantage même de la couronne d'Espagne.

Louis XIV avait en effet décidé d'édifier une authentique et puissante marine royale, désir hérité en droite ligne du cardinal de Richelieu, qui avait su deviner l'importance d'une suprématie maritime pour le commerce et le rayonnement militaire de la France. En sa qualité de « grand maître, chef et surintendant général de la navigation et du commerce » depuis 1626, Richelieu avait commencé de contrôler les quatre amirautés, de France, de Guyenne, de Bretagne et de Provence.

Cette œuvre, Colbert l'avait reprise, avec une occupation prépondérante, les côtes du Levant, qu'il fallait armer de galères tout en constituant, pour le royaume, une véritable armée navale. L'expédition, dite de Djidjelli, allait permettre de tester les nouvelles unités, qui employaient pour rameurs une majorité de soldats déserteurs repris et condamnés Ces navires convenaient parfaitement aux caprices du vent des côtes du Levant. Encalminés, ils naviguaient à la rame tandis que les vaisseaux classiques, avec leurs voiles pendantes, nécessitant d'incessantes manœuvres, perdaient l'avantage.

La flotte commandée par Beaufort se composait de huit galères, quinze vaisseaux de guerre et d'une dizaine de navires de transport à bord desquels prirent place six mille hommes. Basée à Marseille, elle n'attendait que l'ordre du départ, fixé au 13 juillet 1664.

Louis-Henry de Pardaillan n'avait pas de temps à perdre. Il lui fallait, à nouveau, trouver de l'argent pour s'équiper. Et très vite s'il voulait partir. L'offre de son beau-frère Vivonne était inespérée pour lui. Hélas, son crédit auprès des usuriers et prêteurs de Paris était largement entamé.

Or l'équipage d'une telle expédition coûtait fort cher. Il fallait prévoir les chevaux de monture et de bât, les ustensiles de ménage et de campement, les tentes, lits, vaisselle qu'il lui serait nécessaire d'emporter jusqu'à Marseille, et pour la campagne d'Alger. De plus, un édit de Louvois interdisait l'inscription des valets à l'effectif. Ceux-ci n'avaient donc droit ni au «pain du roi» ni à l'uniforme, et toute effraction à la règle était sévèrement punie.

Il n'était pas dans les intentions du marquis de s'attirer les foudres royales. Les valets, indispensables pour un gentilhomme de son importance, devaient être payés sur son escarcelle personnelle.

Les ressources parisiennes épuisées, il n'avait qu'une personne vers qui se tourner : sa mère. En quelques heures, ses préparatifs de départ pour Bonnefont furent réglés. Louis-Henry allait passer quelques semaines dans les Pyrénées, et puis, il l'avait promis à Françoise-Athénaïs en l'embrassant fougueusement, il reviendrait très vite, ses finances à flot, prêt à voguer enfin vers la gloire.

Et en effet, Chrestienne de Zamet, entre les mains de laquelle les Mortemart avait déposé le capital de la dot, lui remit quarante mille livres à valoir sur les soixante mille livres qu'on lui avait confiées. Mais pour cela elle dut, à son tour, emprunter. Pour satisfaire les inextinguibles besoins de son fils, elle dut contracter au nom des deux époux, « sur leur prière et pour leur faire plaisir », un emprunt de dix-huit mille livres supplémentaires, gagé, en accord avec le duc de Bellegarde, sur le duché.

A peine revenu à Paris, et pour laisser, pendant son absence, quelques subsides à sa femme, que sa nouvelle charge obligeait à de somptueuses dépenses, le marquis de Montespan se remit à signer de nouvelles reconnaissances de dettes, quand les précédentes n'étaient même pas honorées et que les huissiers tapaient tous les jours maintenant à leur porte. Mille cinq cents livres en faveur de Rémy Marion, marchand de Paris, mille huit cents livres à Jean Opéron dit Roucy, maître sellier et carrossier, neuf cents livres à Jean Hébert, maître charron à Paris... Des bagatelles, au regard de son rang et aux sommes empruntées par ses pairs. Mais qui, désormais, lui faisait encore confiance sur la place de Paris ?

*

Enfin, son équipement prêt, le 11 juillet, le marquis de Montespan arrivait à Marseille. Le 12, il embarquait à bord de la *Royale*, la galère capitane, aux côtés de son beau-frère. Le 13, la flotte mettait les voiles vers l'aventure.

Le marquis sourit au souvenir de ces heures bénies, au milieu de ses amis, avides comme lui d'en découdre et d'illustrer l'histoire de leur nom. La mer était belle et le soleil haut et chaud lorsqu'ils découvrirent les côtes de Minorque, où ils avaient décidé de faire escale et qu'ils atteignirent le 17 juillet.

Là, on avait relâché quelques jours, le temps de refaire eau et provisions et d'embarquer mille deux cents hommes supplémentaires et sept galères de plus qui représentaient la participation de l'île de Malte, leur alliée.

Ce même jour, lorsqu'ils avaient quitté le port, ils se croyaient invincibles. Ils étaient jeunes et rêvaient tous de l'odeur de la poudre et du feu des couleuvrines. Et jamais le marquis ne pourrait oublier cette aube rose et mauve du 22 juillet, quand apparurent à l'horizon les remparts blancs de Djidjelli, cité légendaire et fief des pirates, qui se profilaient en un dessin d'enluminure, et portaient jusqu'à leurs narines des effluves d'herbes chaudes et d'épices.

Beaufort avait ordonné que l'on hisse pavillon rouge et flamme d'or. A leur poste, les hommes avaient armé les gueules de bronze. Le grondement du canon avait couvert le chant de la mer, et en un rien de temps, dans des gerbes de feu et des volutes de fumée, l'artillerie côtière avait été réduite au silence.

En quelques heures, la flotte du Très-Chrétien avait eu raison des infidèles. Déjà, la perspective des trésors trouvés dans l'antre des pirates enflammait le sang des capitaines. Des décennies de razzias, d'or et de pierres précieuses, de vaisselles fines et de perles, dormaient derrière ces murailles. La fortune et la gloire les attendaient tous. Elles étaient à portée de mousquets.

Pourtant le combat fut très rude. Débarqués à l'est de la ville, où s'élevait le koubba d'un marabout, les Français rencontrèrent une forte résistance qui coûta à chaque camp quelque cinq cents hommes, le prix à payer pour s'emparer de la place. Vivonne avait pris la tête du commandement. A ses côtés, Montespan pourfendait le Barbaresque, ivre de sang et de volonté, trouvant enfin, dans cette bataille, une occasion unique d'exprimer sa bravoure. Au coucher du soleil, on avait hissé le drapeau royal sur la forteresse. Restait maintenant à s'organiser.

Louis XIV n'avait pas voulu que cette expédition fût seulement punitive. Il avait ordonné, une fois la place prise, que l'on élevât, sur la saillie du littoral, entre Stora et Bougie, une citadelle qui permettrait à ses troupes en poste de continuer à contrôler toutes les routes des côtes du Levant, et à y faire régner le droit divin et la foi catholique.

Ce fût là que Beaufort commit sa première erreur. Il fallait des pierres pour élever les fortifications, il commanda d'aller les prendre dans le cimetière musulman. Les Français profanèrent les tombes.

Aussitôt, le marabout de Djidjelli, Sidi Mohammed, proclama la guerre sainte et, en quelques heures, parvint à enrôler tous les guerriers de Kabylie. Préparés à se battre mais pas à tenir, les Français commencèrent à subir le siège, sans avoir eu le temps d'établir un pont entre leur camp et leurs navires. Très vite, ils manquèrent d'eau et de vivres et chaque escarmouche déclarée par les Barbaresques tuait leurs hommes.

Gadagne, qui s'était employé à persuader Beaufort de la nécessité de ce pont, ne pardonnait pas à son commandant son manque total de discernement, de stratégie et de logique dans ses décisions. Les ordres donnés étaient immédiatement contredits, réédictés et toujours annulés. Pendant ce temps, l'étau se resserrait autour du campement. Chaque matin on ramassait les cadavres de soldats assassinés pendant la nuit par des musulmans qui étaient parvenus à infiltrer les lignes offensives.

Le mois d'août était torride. Le soleil frappait durement la terre et ceux qu'elle portait. Les disputes des commandants, la faim, la soif sapèrent en quelques semaines le moral des troupes. L'heure était à la défiance et par conséquent aux intrigues.

La Guillotière, maréchal de camp, vit là l'occasion de supplanter Gadagne, et se mit à comploter pour le destituer de ses fonctions. Vivonne, lui, n'en voulait référer qu'au roi, et les messages les plus contradictoires partaient pour le Louvre, chacun relatant des plans de défense ou d'attaque plus hasardeux et plus irréalistes les uns que les autres. Quant à Montespan, enrôlé dans le corps des volontaires, sa témérité — il était allé jusqu'à charger seul une dizaine de Barbaresques qui s'étaient trop rapprochés de leurs lignes — commençait à faire des jaloux, et de l'ombre à l'armée de métier.

Gadagne ordonna immédiatement qu'il soit consigné, avec les autres gentilshommes. Sans espoir de nouvelles batailles à remporter, d'honneur à gagner, le marquis décida avec ses pairs de profiter du départ de deux navires pour Toulon — on avait enfin compris qu'il fallait des vivres et de l'eau douce — pour regagner la France.

S'il perdit, dans cette retraite forcée, ses rêves de gloire, il gagna sans doute la vie. Ali-Bey, parent de Ferhad, bey de Constantine, lança, quelques semaines plus tard, une armée composée de onze mille janissaires et soldats kabyles. Les Français eurent beau défendre héroïquement leur position sur le djebel el-Korn, supporter les pluies diluviennes des mois d'automne, les épidémies de choléra, ils durent abandonner la place à leur tour. Beaufort avait fui...

Le jour de la Toussaint, Louis XIV ordonna l'évacuation par la mer des quatre mille survivants, dont la moitié étaient malades ou blessés, saignés par une seconde attaque.

*

De son côté, loin d'imaginer les vicissitudes qui attendaient son mari, Françoise-Athénaïs faisait son chemin à la Cour. Le roi avait annoncé que le mois de mai de l'an de grâce 1664 donnerait lieu, au château de Versailles, aux plus belles fêtes dont le royaume pourrait se glorifier.

Pendant une semaine, tout ne serait que succession de divertissements de cour, spectacles, décors, jeux, loteries, soupers et « machines », ballets et feux d'artifice.

Louis XIV en avait confié la préparation à Messieurs de Périgny, de Benserade, de Vigarani et à Molière.

La fête, dite des Plaisirs de l'île enchantée, eut lieu dans les jardins de Versailles, déjà bien dessinés par Le Nôtre. François de Beauvillier, ami et complice des amours du roi, et promu depuis une année duc de Saint-Aignan, avait composé des ballets et mis au point toute une machinerie de décors, de flambeaux, de tentes, de palissades, de portiques, éclairés par quatre mille bougies qui devaient rester allumées malgré le vent. Les madrigaux étaient composés par Benserade et Périgny et mis en musique par Lully. Quant à Molière, par la volonté expresse de Sa Majesté, il régentait toutes les représentations théâtrales.

Six cents personnes furent invitées. Le ciel fut clément. Et le mercredi 7 mai, les fêtes débutèrent.

Françoise-Athénaïs faisait partie de ces heureux élus. Logée à Versailles dans les suites allouées à Monsieur, elle s'adonna sans compter aux plaisirs offerts, toujours rieuse, toujours acerbe, commentant l'apparition de chaque invité, condamnant vertement les liaisons notoires des dames. Elle, que sa conduite irréprochable mettait à l'abri des quolibets, ne manquait pas de s'étonner, le plus souvent en public, des entorses à la morale commises par les autres. Surprenant Mademoiselle de La Vallière en compagnie de son royal amant, qui en était éperdument amoureux, elle confiait alors, entre deux rires, et à qui voulait l'entendre : « Si j'étais assez malheureuse pour que pareille chose m'arrivât, je me cacherais pour le reste de ma vie. »

Pendant les fêtes des Plaisirs de l'île enchantée, elle rivalisa, sans mal aucun, en toilettes, en coiffures et en beauté, avec toutes les femmes de haut rang. On ne pouvait la regarder sans s'émerveiller. Saint-Simon fut obligé de reconnaître qu'elle les éclipsait toutes, car elle était « belle comme le jour ».

Louis-Henry en campagne avait laissé le champ libre aux jolis cœurs et aux libertins, et la ravissante marquise tenait autour d'elle toute une cour d'énamourés à qui elle ne voulait accorder aucune de ses grâces, « son plus grand charme », comme l'écrivit encore Primi Visconti.

Mais son esprit vif, ses réflexions mordantes et son

humour léger exaspéraient le roi. Qu'importe, Françoise-Athénaïs avait rendu fou d'amour le comte de Saint-Paul, fils de la duchesse de Longueville et neveu du Grand Condé. Le marquis de La Fare s'était lui aussi mis sur les rangs, ainsi que le marquis de Puyguilhem, futur Lauzun. Tous rivalisaient en flatteries, en bons mots, en promesses, pour apprivoiser la belle. Mais la belle gardait la tête froide, et chaque soir, lors du coucher de la reine auquel ses fonctions de dame de compagnie l'obligeaient à assister, elle répétait à ses compagnes et à la souveraine les bons mots de ses prétendants. Le lendemain, la Cour entière en riait.

Tant d'atours, tant de charmes, tant de traits d'esprit qui n'étaient pas à son usage agaçaient Louis XIV. Le roi ne manquait jamais de reprocher à son frère de s'être entiché de cette Mortemart. « Mais elle a tant d'esprit ! » rétorquait Philippe d'Orléans, assertion que reprenait de bon cœur la reine, ravie que sa dame d'honneur ne fût ni du goût ni du parti du roi et de Mademoiselle de La Vallière.

En trois mois, il fallait bien qu'il en convienne, se répétait Louis-Henry, Françoise-Athénaïs avait eu tout loisir de le désaimer et de s'habituer au luxe et à la vie facile de la Cour.

Et lorsqu'il était revenu à Paris, déconfit, désargenté, rappelant dans le misérable logement de la rue de Taranne la populaire marquise pour la confronter aux vicissitudes de la vie quotidienne, aux cortèges d'huissiers qui se pressaient à leur porte, le choc avait été terrible. Désormais, les journées du marquis se passaient à courir les prêteurs, pour en obtenir de petites sommes, insuffisantes à les tirer d'embarras, et hélas assez conséquentes et répétées pour achever de ruiner son crédit. Sans ressource, il ne parvenait plus à honorer sa signature. Il se cachait les jours d'échéances, et perdait au jeu ce qu'il espérait y gagner.

Le 26 novembre 1666, la détresse pécuniaire du ménage était telle que le jeune couple dut envisager de se débarrasser des dernières valeurs qu'il possédait. On n'empruntait plus, on en était à vendre. Ainsi Françoise-Athénaïs gagea-t-elle, pour la ridicule somme de mille six cents livres, une paire de pendants d'oreilles enrichis de pierreries qui en valait, mal payée, le triple!

Au retour, Françoise avait pleuré, ce qui avait déclenché l'une des colères légendaires de son époux. Quoi! Comment pouvait-elle penser qu'il ne parviendrait jamais à sortir de l'ombre? Comment pouvait-elle perdre toute foi en lui?

Elle était repartie pour la Cour, la gorge vierge de ses bijoux, les yeux rougis, et il avait bu jusque fort tard dans la nuit. En fait, c'était ce jour-là qu'il avait commencé à la perdre. Françoise avait été pervertie en son absence. Non par les plaisirs de la chair, Louis-Henry possédait encore un grand ascendant sur elle, mais par le luxe, la facilité, la gloire. Instruite désormais de tout ce à quoi elle pouvait prétendre, ou aurait pu prétendre en contractant une autre alliance, Françoise-Athénaïs ne nourrissait plus qu'un dessein ferme et personnel : s'imposer à la Cour, de quelque manière que ce fût, se mettre à l'abri du cortège de misères que son mari s'acharnait, par malchance sans doute, à lui offrir chaque jour.

C'est dans ces conditions pitoyables que naquit, le 5 septembre, le fils que le marquis attendait tant, futur marquis d'Antin. Une naissance boudée par la marquise. Une délivrance surtout. A peine relevée de ses couches, Françoise repartait de plus belle vers Monsieur et la reine.

Mais cette fois-ci, le marquis ne voulait plus croire qu'un

tel déploiement de grâces n'avait pour objet que son bien à lui. Louis-Henry devenait soupçonneux. Et sa jalousie allait enfin trouver un objet : Monsieur.

Une telle aberration démontrait bien la distance qui séparait le marquis de la Cour. Quel courtisan aurait pu, sans rire, s'alarmer des attentions portées aux femmes par Philippe d'Orléans ? Dès son enfance, on avait « dénaturé » Monsieur afin qu'il ne fît pas ombrage à son frère. Les résultats étaient là. Jeune homme, et quand bien même marié à Henriette d'Angleterre, Monsieur continuait à se travestir, à s'inonder de parfums capiteux, à se couvrir de bijoux et à jouer sur les ambiguïtés du sexe. Et s'il tombait amoureux, c'était en général de jeunes adolescents, aux traits fins et aux bouches de fille. Ce pourquoi Françoise-Athénaïs, si prudemment distante avec ses prétendants, pouvait en toute quiétude s'abandonner en compagnie de Monsieur.

Elle savait bien qu'elle n'avait rien à craindre et qu'il s'était tissé entre eux une immense complicité, née de l'art que possédait la marquise de caricaturer, en deux phrases et trois formules d'esprit, les gentilshommes de la Cour. Le prince et Madame de Montespan partageaient encore le même goût pour les toilettes dispendieuses, et la même rage à jouer. Intelligente et piquante, elle avait su, malgré son jeune âge — elle n'avait encore que vingt-quatre ans —, s'entourer de tout ce que le siècle avait enfanté d'artistes et de personnalités. Grâce à elle, et grâce à la subtile alchimie de son entente avec Philippe d'Orléans, grâce aussi à Henriette d'Angleterre, curieux mélange de sagesse et de coquetterie, il régnait, au Palais-Royal, une atmosphère permanente d'insouciance, de fêtes et de gaieté.

Ce fut d'ailleurs dans les jardins du Palais-Royal, où les

flatteurs se mêlaient aux marchands, où les filles de joie frôlaient les aristocrates, que Louis-Henry de Montespan conçut ses premiers soupçons. Françoise-Athénaïs marchait au côté de Philippe. Il s'était penché sur elle pour lui faire part d'une remarque qui l'amusait : une perfidie sans doute, à l'encontre de quelque précieuse ridicule ou de quelque gentilhomme engoncé dans des habits de prêt. Elle avait éclaté de rire et lui avait pris la main.

Cette familiarité avait frappé l'imagination ombrageuse de Louis-Henry. Ainsi, pendant son absence, sa femme s'était laissé séduire par ce fat ! Son sang n'avait fait qu'un tour. Et devant tout le monde, face aux plus méchantes langues de la Cour, il avait vertement semoncé Françoise-Athénaïs. Elle l'avait regardé, la gorge palpitant de colère et d'effroi. Comment Louis-Henry osait-il se conduire de la sorte ? Il se couvrait de ridicule...

Elle avait surpris les chuchotements et les sourires. Senti les regards moqueurs : enfin, l'ironie se retournait contre elle, si féconde en persiflages... Ce que Louis-Henry n'avait pas mesuré, ce jour-là, c'était l'humiliation qu'il avait infligée à l'orgueilleuse marquise. Une humiliation qu'elle n'était pas près de lui pardonner.

Et quel sot ! Quel aveugle ! Les railleries concernant l'incident étaient d'autant plus fortes que depuis quelque temps, on murmurait beaucoup sur le passage de Françoise ; et ce n'était pas le nom de Monsieur qui était associé au sien, dans ces chuchotements. C'en était un autre, bien plus dangereux, et bien plus fondé sur une réalité éclatante aux yeux de tous. Depuis l'automne 1666 en effet, la rumeur de la Cour annonçait la disgrâce de Mademoiselle de La Vallière.

Instruit par la réputation de causticité de la marquise, Louis XIV avait en effet pris l'habitude d'assister au coucher de la reine, cérémonie à laquelle tous les privilégiés qui y étaient admis se pressaient : Françoise-Athénaïs tenait son auditoire en haleine avec ses remarques drôles, ses mimes et ses exercices de caricature dans lesquels elle excellait. La belle avait apprivoisé le roi. Il recherchait désormais sa compagnie.

« On veut dire à la Cour, relatait le duc d'Enghien, en ce 5 novembre de l'an de grâce 1666, que le roi songe un peu à Madame de Montespan et, pour dire la vérité, elle le mériterait bien car on ne peut avoir plus d'esprit ni plus de beauté qu'elle en a, mais je n'ai pourtant rien remarqué là-dessus. »

Une cécité que le fils du Grand Condé partageait au moins avec une autre personne : le mari, toujours persuadé qu'une liaison s'ourdissait entre Françoise et Monsieur.

L'algarade et la violente dispute qui l'avait opposé à Françoise, après l'incident du Palais-Royal, ne l'avaient toujours pas convaincu de son erreur. Jalousie sanguine d'un homme amoureux, fou de cette jeune et radieuse épouse que tous lui enviaient, mais aussi jalousie de son éclat et de l'aura dont elle jouissait désormais à la Cour, où elle avait toutes les entrées qu'il n'avait pas !

Son orgueil susceptible, inassouvi dans des faits d'armes qui avaient tourné court, se froissait chaque jour davantage de cette différence de position dans le monde. Elle lui échappait, il le savait. Même dans ses bras, il la sentait moins entière, moins passionnée. Son amour ne contentait plus Françoise. Elle regardait ailleurs, refusait, malgré la détresse de leurs finances, de renoncer à ses toilettes et à ses caprices. Et il ne se passait plus un jour sans qu'il lui reprochât ses absences, les heures passées à la Cour ou au Palais-Royal, les nuits qu'elle finissait dans son appartement de dame d'honneur de la reine au lieu de regagner le domicile conjugal, toujours aussi médiocre, hélas !

Ce fut un matin très tôt, après une nuit blanche et solitaire, que Louis-Henry de Montespan prit conscience de l'imminence du danger. Les temps étaient proches où il allait perdre sa femme. Le même soir, il l'avait sommée de préparer ses bagages et de vider l'appartement de ses effets personnels. Sa décision était prise. Paris, la Cour n'étaient pas faits pour eux. Il voulait changer de vie et s'installer, avec elle, sur les terres de sa famille.

Désormais, lui avait-il annoncé, ils vivraient au château de Bonnefont, au côté de sa mère, Chrestienne de Zamet, et de leurs enfants.

La nouvelle avait glacé Françoise. Il voulait donc qu'elle renonce aux plaisirs, à la douceur, au luxe, qu'elle aille faner ses plus belles années dans un inconfortable et vieux château au fin fond du royaume ? Il voulait l'enterrer vive... Plutôt mourir !

Toutefois, Françoise n'avait pas osé opposer un refus catégorique à l'effroyable projet. Il lui fallait gagner du temps et garder la tête froide. Elle avait feint d'accepter pour apaiser les soupçons et la colère de son atrabilaire mari et couru, au désespoir, dans les bras de son ami, Philippe d'Orléans. Lui seul pouvait la sauver, inventer une ruse pour chasser un si funeste projet de l'esprit du marquis. Car enfin, s'il décidait de partir, elle ne pouvait s'y opposer. Elle était son épouse et lui devait, devant Dieu et devant les hommes, une absolue obéissance.

Monsieur l'avait aussitôt rassérénée et lui avait donné le conseil de feindre d'accepter les exigences du marquis... ce qu'elle avait déjà fait, mais en atermoyant. Le lendemain même de l'entrevue, le marquis recevait une convocation de Philippe d'Orléans. Au frère du roi, on ne désobéissait pas. Ravalant sa morgue et sa jalousie, Louis-Henry s'était rendu à l'invitation.

Comme il s'en doutait, la requête était un ordre, et l'ordre déguisé en supplique. Quoi ? lui avait dit Monsieur, Françoise-Athénaïs quitterait ainsi et la Cour et ses fonctions de dame d'honneur ? Mais c'était un scandale qui ne pouvait que nuire au nom des Montespan, dont le crédit souffrait déjà des algarades du vieux duc de Bellegarde.

Bien sûr, le marquis était seul maître de la destinée de son épouse et nul n'eût songé à le contester. Mais pour un tel départ, et compte tenu de la précarité de leur situation financière, il fallait opérer en douceur. Quitter la Cour, oui, mais en son temps.

«J'ai donc une grâce à vous demander, monsieur, avait finalement souri Philippe d'Orléans, mais il faut me l'accorder, sans cela je vous avoue que je serai fort piqué. C'est de laisser votre femme à Paris tout cet hiver et jusqu'au mois de mai.»

Que répondre? Le propos, apparemment aimable, déguisait suffisamment de menaces voilées... Devant le fait du prince, il lui fallut s'incliner. Ce que fit le marquis, la rage au cœur...

V

Les désirs royaux font désordre!

L'aube se levait sur Bonnefont. Dans la cheminée, le feu mourait doucement. Louis-Henry, les traits tirés, quitta son fauteuil. Dans la bassine de porcelaine, une fine couche de glace figeait l'eau. Le marquis la brisa d'un coup sec, inclina la tête et s'aspergea prestement. Le froid lui fit l'effet d'un soufflet. Doucement, il s'avança vers les fenêtres. Des paillettes de givre étoilaient les vitres épaisses, que les imperfections du verre irradiaient des couleurs de l'aube.

Dehors, la neige avait purifié l'étendue du paysage. La forêt, haute et dense, semblait prolonger les terres vers l'horizon. De fins voiles de brume ondoyaient dans la plaine, se mêlant paresseusement aux minces volutes de fumée qui s'élevaient déjà au-dessus des fermes.

Au loin, les Pyrénées flamboyaient sous les premiers rayons du soleil, dans un ciel transparent.

Le marquis se réjouit à l'idée que la journée serait belle. Ainsi, nul ne serait empêché de venir à la cérémonie qu'il avait commanditée, et que son cœur trompé appelait de toutes ses larmes rageuses.

Il ne savait ni comment ni pourquoi, mais la marquise avait pris dans sa vie une place effrayante, et rien, ni les guerres, ni les plaisirs volés aux pauvres filles troussées aux croisées des chemins, ni les festins giboyeux et arrosés partagés avec d'autres capitaines, n'avait pu l'effacer.

Il avait beau tenter de chasser son image de sa pensée, elle y revenait toujours, cuisante, obsédante. La perfide avait pris sur son cœur et son esprit un ascendant vertigineux. Elle lui était devenue indispensable. Et il ne se pardonnait pas cette faiblesse. Il ne se pardonnait pas non plus de l'avoir crue, le jour de leurs adieux, quand il avait quitté Paris pour Bonnefont, l'abandonnant, avec toute l'inconscience de sa jeunesse, aux griffes du roi.

Après son entrevue avec Monsieur, il était reparti, en proie à une irrépressible envie d'assassiner la marquise. Ainsi, à peine lui avait-il fait part de son projet qu'elle s'était précipitée vers ses amis pour qu'ils le contrecarrent.

De retour chez lui, comme il s'attendait à la retrouver le menton haut, fière et batailleuse, il fut déconcerté par l'air défait, tendre et doux qu'elle arborait. Il avait bien tenté de lui reprocher ses bavardages, mais elle avait argué son intérêt, reprenant, avec ses propres termes, les théories de Philippe d'Orléans. Bref, elle restait, c'était temporaire. Et dans son unique intérêt.

La grâce et l'apparente soumission de la coupable ne l'avaient pas amadoué tout de suite. Son honneur et son orgueil avaient fait le reste en lui interdisant de revenir sur sa décision et de rester à Paris, comme elle le lui demandait. Mais il le lui ferait payer cher...

Et pendant les jours qui suivirent, elle resta rue de Taranne, s'abstenant d'apparaître à la Cour, jouant à ravir les épouses soumises. Montespan devait, une fois encore, préparer son départ, c'est-à-dire trouver de l'argent. Elle le suivit sans broncher. Le 26 novembre, chez un changeur de la place Maubert, où il engagea, en sa compagnie, l'une des plus belles parures des Mortemart : « une paire de pendants d'oreilles à trois branches, chacun garni de trois gros diamants et au milieu d'un moyen et de quantité de petits diamants faisant ornement auxdits pendants d'oreilles, étant dans une boîte de chagrin noir fermant à deux petits crochets ». Il avait obtenu sur cette pièce 1 600 livres, auxquelles s'ajouta, le 4 octobre, sur intervention personnelle du comte de Roye, lieutenant général auprès du marquis de Sillery, la somme de 11 000 livres par celui-ci. Et encore, de Jean Bastelet, « bourgeois de Paris », le 9 octobre, 6 000 livres.

Le 26 novembre encore, Louis-Henry, sur un mouvement d'humeur, et pour faire comprendre à son épouse qu'elle devait exercer cette indépendance, à laquelle elle était tellement attachée, jusque dans les affaires quotidiennes, signa un pouvoir général pour qu'elle puisse retirer pierreries, meubles et autres objets engagés, l'autorisant même, si cela lui était nécessaire, à les remettre ailleurs et « emprunter sur iceux telle somme qu'elle aura besoin ». Ce qui, en d'autres termes, revenait à dire que le marquis, qui ne décolérait pas d'avoir à partir seul, avait bien l'intention de garder l'argent emprunté en poche. Elle avait des amis puissants à la Cour ? Des amis qui lui donnaient des ordres jusque dans la conduite de son ménage ? Qu'elle aille donc s'arranger avec eux !

Maintenant, avec le recul du temps et l'éloignement des lieux de son malheur, Louis-Henry pouvait comprendre l'humiliation qu'il avait infligée à Françoise, fût-elle, à cette époque, heureuse malgré tout de le voir s'éloigner de la Cour et renoncer à son projet de l'enterrer chez les croquants de Guyenne. Elle, une Mortemart, courir encore et toujours les tabellions et les usuriers, engager son nom et les insignes de sa noblesse ! Mais surtout, il l'avait laissée seule, sans argent, sans ressources. Sur qui pouvait-elle compter, désormais ? Sa mère était morte à Poitiers le 11 février de cette année 1666, et son père, que le sort de ses enfants indifférait, poursuivait sa bonne fortune avec la mûre présidente Tambonneau, pour laquelle il accumulait les dettes sur une bien plus vaste échelle encore. La famille d'Athénaïs, désormais, c'était la Cour, et son espoir, même si elle ne se l'avouait pas totalement, le roi, dont elle espérait toutes les faveurs. Croyait-elle, bien naïvement, qu'il se contenterait, en retour de ses bienfaits, des mots drôles et des portraits acides qu'elle faisait de la vie à Versailles ? Louis-Henry haussa les épaules, prit sa tabatière et grimaça un sourire. Ils étaient jeunes et finalement aussi aveugles l'un que l'autre sur le tour que prenait leur destin.

*

Célibataire forcé à Bonnefont, le marquis finit vite par oublier ses griefs contre sa femme. L'hiver était doux et il passait ses journées avec ses gens, à chasser dans ses forêts et à traquer les loups dans la montagne. Dans quelques mois, se disait-il, la marquise l'avait promis, ils seraient tous les deux installés au château, à mener la vie paisible et pourtant haute en couleur qui avait été celle de tous ses ancêtres avant lui.

Il fit améliorer l'état de la chambre, changer les étoffes du baldaquin, liquider les vieux meubles trop massifs et encombrants, et en commanda d'autres, davantage au goût du jour, aux artisans du pays. Mais de plus en plus souvent, il se prenait à rêver batailles et escarmouches, caressait l'espoir de lever une belle compagnie pour briller au combat. Et il devait bien se l'avouer, Françoise lui manquait de plus en plus. La compagnie de sa mère, Chrestienne de Zamet, confite en dévotion et toute ratatinée par les ans, lui faisait regretter, par comparaison, les propos brillants et caustiques de sa femme.

Françoise, pendant ce temps, ne s'ennuyait pas. Passé la brûlure de l'humiliation et le désarroi de sa solitude, elle avait repris le chemin de la Cour, et embrassé avec fougue toutes les charges de ses fonctions de dame d'honneur.

Cette année-là encore, on passa l'hiver à Saint-Germain. Les journées s'écoulaient dans l'insouciance et la gaieté, partagées entre les bals et les mascarades, le jeu et le théâtre. On donna le *Ballet des muses* et le spectacle connut un tel succès que la représentation fut prolongée plusieurs semaines, chaque jour sauf le 2 janvier où Sa Majesté la reine accoucha.

Comme toujours, le roi y tenait le beau rôle. Vêtu en berger, il dansait entouré de Madame déguisée en bergère, au milieu de ses gracieuses pastourelles : Mademoiselle de La Vallière, Madame de Montespan et Mademoiselle de La Mothe-Houdancourt. L'auteur du livret, Isaac de Benserade, n'avait pu résister à la tentation de transcrire la situation amoureuse de ses interprètes. Il avait souligné l'entrée en scène de la marquise par ces vers :

Elle est prompte à la fuite,
Et garde une conduite
Dont chacun est surpris ;
Mais nous en avons pris
Qui tenait même route,
Et nous serions sans doute
Au comble du bonheur

N'était son chien d'honneur;
Ce mot pourra déplaire :
Mais qu'y saurions-nous faire?

Ainsi donc, la Cour tout entière suivait avec attention les prémices d'une liaison dont personne n'imaginait qu'elle pourrait ne pas être un jour consommée. Le mari, « chien d'honneur » comme l'avait si cyniquement écrit le poète, avait eu le bon goût de reprendre le chemin de ses terres. Et le roi ne cessait de trahir son inclination toujours croissante.

Ainsi, en février, pour les « jours gras », décida-t-il de s'installer à Versailles, en compagnie d'une seule partie de son habituel aréopage de courtisans. Le duc d'Enghien, qui comptait parmi les heureux élus, ne put résister par la suite au désir de relater dans ses Mémoires ces jours de cour intense et d'éblouissements.

« Ce 25 février, il y a eu une manière de petit carrousel où les dames ont monté à cheval et l'on ne peut rien voir de plus magnifique qu'étaient les habits de tout le monde. Il y a eu aussi deux bals en masques fort beaux et l'on ne peut rien voir de plus agréable que Versailles l'a été pendant tout ce temps-là. »

Un temps mis à profit par la marquise pour exacerber le désir du roi. La perfide avait trouvé un excellent moyen pour approcher le souverain plus souvent. S'il ne manquait jamais la cérémonie du coucher de la reine pour goûter pleinement l'esprit d'Athénaïs, il savait maintenant où la rencontrer en d'autres lieux : la marquise avait capté l'amitié de Mademoiselle de La Vallière et la favorite ne pouvait plus se passer de l'humour de cette nouvelle compagne. Encline à la mélancolie, elle se réjouissait des rires perlés de cette jeune et ravissante amie qui égayaient les après-midi du Palais-Brion, cet élégant pavillon situé près du Palais-Royal où le roi l'avait installée.

Pendant les heures qu'elle passait là, Françoise ressentait une curieuse jubilation, une délicieuse excitation. Elle était intelligente. Son instinct de femme lui faisait deviner pourquoi le roi, qui avait commencé d'espacer ses visites chez sa maîtresse, les reprenait maintenant avec autant d'assiduité. C'était pour elle, Françoise-Athénaïs, qu'il venait. Pour elle qu'il ne possédait pas, en dépit des charmes de Louise, dont il savait pourtant le vertige des sens. Donc c'était bien son esprit, et son esprit seul qui éclipsait tous les atouts de la favorite.

« La marquise de Montespan est une femme de beaucoup d'esprit, disait la Grande Mademoiselle, d'un esprit agréable, d'une conversation attachante. La Vallière en a peu ; ainsi on commençait à avoir besoin de ce secours pour amuser le roi. Si elle avait été plus prudente, La Vallière aurait cherché quelque dame dont la beauté et les charmes de sa personne n'auraient pas répondu à ceux de son esprit. »

Mais Mademoiselle de La Vallière, comme tous à la Cour, connaissait la vertu de la marquise. Elle avait foi en elle et se laissait abuser par les rebuffades et les fausses fuites de la marquise devant le souverain. Françoise-Athénaïs se croyait imprenable, à l'abri de la tentation. La seule idée de dominer le roi par son intelligence suffisait à l'enchanter.

« Loin d'être née débauchée, observait Madame de Caylus, le caractère de Madame de Montespan était naturellement éloigné de la galanterie et porté à la vertu. Son projet avait été de gouverner le roi par l'ascendant de son esprit : elle s'était flattée d'être maîtresse non seulement de son propre goût, mais de la passion du roi. Elle croyait qu'elle lui ferait toujours désirer ce qu'elle avait résolu de ne pas lui accorder.»

Mais la belle marquise n'était pas de taille à l'emporter dans un jeu où tout était faussé. Dans sa présomptueuse jeunesse, elle avait oublié de compter sur la séduction de Louis XIV et sur sa résolution : aux désirs du roi nul ne se dérobait.

A la fin du mois d'avril, le marquis bouillonnait d'impatience sur ses terres. Avec le mois de mai approchait la date de son retour à Paris et donc celle de ses retrouvailles avec son épouse. En quelques mois, sa passion pour la chasse et les battues s'était atténuée. Il était saturé de ses grandes chevauchées dans la campagne, agacé par les prières et les dévotions de sa mère, engourdi par l'inaction. Un événement, surtout, même s'il n'était encore que rumeur, l'avait arraché à sa torpeur : la guerre contre l'Espagne se préparait activement.

En effet, Philippe IV était mort et il avait confié la régence à sa femme et, par testament, éliminé Marie-Thérèse de la succession. Pour l'instant, l'héritage était dévolu à l'infant don Carlos, dont le père, Charles, issu d'un deuxième mariage de Philippe IV, venait de mourir. Il était dit en outre qu'en cas d'extinction de la lignée mâle, la totalité des droits irait à Marguerite-Thérèse, la fille cadette du roi, fiancée à l'empereur Léopold. Ulcéré, Louis XIV avait décidé de réclamer la part de la reine son épouse en se fondant sur un argument soufflé par feu le cardinal Mazarin. Marie-Thérèse devait être rétablie dans ses droits d'héritière en dédommagement de la dot de 500000 écus, promise en 1659 et qui n'avait jamais été payée. Le roi de France demandait donc à l'Espagne de compenser l'absence des écus d'or par la dévolution d'un territoire.

Le second argument du roi tenait à un point tiré de la

coutume du Brabant : en cas de mariages successifs, l'héritage devait aller aux enfants du premier lit. Dès lors, Marie-Thérèse, fille du premier mariage de Philippe IV, possédait le droit à la totalité de l'héritage, à l'exclusion de l'infant don Carlos.

« Comme Roi, indique l'un des juristes de Louis XIV pour justifier la guerre, il se sent obligé d'empêcher cette injustice ; comme mari, de s'opposer à cette usurpation et, comme père, d'assurer ce patrimoine à son fils. »

Au nom de ce droit de dévolution, la France revendiquait donc, « dans les pays Bas, du chef de la Reine », quatorze provinces ou grands fiefs : Anvers, la Flandre impériale (Alost), Malines, le duché de Limbourg, la haute Gueldre, le duché Brésis, le comté de Hainaut, le Namurois, le comté de la Roche-en-Ardenne, le marquisat d'Arlon, la majeure partie du Luxembourg et enfin, un morceau notable du comté de Bourgogne.

En fait, Louis XIV réclamait le maximum de terres, avec l'espoir d'en obtenir au moins un sixième.

Le 8 mai, l'ultimatum fut rédigé, assorti du recueil de pièces justificatives... et refusé, avec dédain, par la veuve de Philippe IV. Elle ne voulait rien aliéner ni rien céder, « non pas même un seul village ou hameau des pays Bas ».

Cette réponse, pleine d'une morgue à l'espagnole, ne tenait hélas aucun compte de la réalité de la situation. Les forces étaient infiniment favorables à Louis XIV, bien déterminé à faire et à gagner cette guerre. Depuis l'automne, il construisait des vaisseaux, donc des canons, installait des magasins de vivres, renforçait et armait les garnisons proches de la frontière du Nord où il aménageait des parcs d'artillerie. Le tout à ciel ouvert !

Nul ne pouvait ignorer le déploiement de ses forces, lui-même assistait aux manœuvres, passait en revue ses régiments, donnait tout l'éclat possible à sa nouvelle école de Mars, qui mettait en valeur le jeune Louvois. Et pour plus de provocations encore, une partie de la Cour l'accompagnait lorsqu'il inspectait ses troupes, déployées aux alentours de Grosbois, Mouchy, Moret, Fontainebleau, Conflans et Colombes.

Parmi ses proches, on remarquait Madame, Mademoiselle de La Vallière, la jeune princesse d'Harcourt, Madame du Roure, Madame d'Heudicourt, Mademoiselle de Fiennes et bien sûr... Madame de Montespan. C'est dans le sérail de ces jeunes beautés que le roi prenait ses repas.

« Ce n'étaient point des repas de guerre, mais d'une grande magnificence, et le soir, ces dames montaient à cheval avec Sa Majesté, et les troupes se mettaient sous les armes et la décharge se faisait ensuite sans néanmoins tuer personne. »

Pour le marquis de Montespan, l'heure était donc venue de retrouver Paris. Il voulait monter une compagnie. Et vite. Il voulait se battre. La guerre des Flandres serait sa guerre à lui. Il voyait enfin dans cet événement l'occasion tant attendue de prouver sa bravoure. Refrain bien connu, il lui fallait de l'argent. C'était sa seule préoccupation. Pas un instant, les bruits insistants qui circulaient à Paris d'une liaison entre sa femme et le roi n'avaient pu entamer sa foi en lui, et celle qu'il mettait en la vertu de Françoise. Il l'avait retrouvée avec bonheur, s'émerveillant, après ces mois d'absence, de sa beauté encore mûrie, de la douceur de sa peau. Le marquis de Saint-Maurice, ambassadeur de Savoie en France, rapportait que Louis XIV s'était promené seul avec Françoise, ce 4 mai ? Qu'importe ! Loin de la Cour, il ne pouvait pas l'entendre, tout occupé à courir une nouvelle fois les usuriers, en quête de confortables subsides pour la constitution de son régiment. L'après-midi même de cette promenade en carrosse qui mettait les courtisans en émoi, il avait traîné Françoise jusqu'à l'étude de Maîtres Huart et Murs, notaires au Châtelet, pour y contracter un nouvel emprunt de 20000 livres. La créancière en était Nicole Charrat, veuve de Claude Duchemin, trésorier de la Grande Mademoiselle, qui agissait probablement sur intervention de la princesse, elle-même apparentée au marquis.

Le 25 mai, il signait une nouvelle reconnaissance de dette de 5300 livres à Jean Le Flament, commissaire des guerres et bourgeois de Paris. Ses projets allaient enfin se réaliser. Encore quelques jours, et pendant que le roi se battrait sur le front des Flandres, lui pourrait assurer la sécurité des frontières pyrénéennes, où l'on s'attendait, à juste titre, à de nombreux soulèvements, surtout en Catalogne.

*

Comme il avait été fou de ne rien voir! se disait-il maintenant, ou plus précisément de ne rien vouloir voir ni entendre de ce qui se tramait autour de lui. Là où le marquis ne rêvait que conquêtes de places fortes, le roi soupirait, lui, après une autre place, forte elle aussi jusque-là, et dont il avait entrepris un siège implacable : Françoise-Athénaïs.

Et à ce jour encore, après le temps passé à tourner et retourner tous ces événements, le marquis ne pouvait trouver aucune excuse à son aveuglement. Françoise l'avait averti franchement, honnêtement, des avances du roi. Il avait vu dans cet aveu la preuve qu'elle se sentait, qu'elle se savait imprenable ; il n'avait pas compris que les alarmes de son épouse venaient justement de ce qu'elle sentait sa vertu défaillir.

De son exil, il ne cessait de revoir le jour où elle était rentrée, les joues roses, les mains brûlantes. Ses admirables yeus bleu foncé pleins de larmes... Il se rappelait combien, à cet instant, il l'avait désirée et combien elle l'avait supplié. Supplié de renoncer à ses projets de compagnie, supplié de l'emmener à Bonnefont, bien loin, à l'abri de toute tentation.

Comme l'avait écrit Saint-Simon, elle l'avait averti « du soupçon de l'amour du roi pour elle, elle ne lui laissa pas ignorer qu'elle n'en pouvait plus douter, elle l'assura qu'une fête que le roi donnait était pour elle ; elle le pressa, elle le conjura avec la plus forte insistance de l'emmener dans ses terres de Guyenne et de l'y laisser jusqu'à ce que le roi l'eût oubliée et se fût engagé ailleurs. Rien n'y put déterminer Montespan, qui ne fut plus longtemps sans s'en repentir ».

Et c'était vrai ! Il avait ri de ses émois. Il s'en était moqué mais c'était pour cacher son trouble, sa reconnaissance et l'amour fou qu'il lui portait. Son raisonnement était simple. Trop simple pour une situation qui ne l'était pas. Si vous demandez protection contre le roi, c'est que vous m'aimez et avez foi en moi. Que pouvez-vous craindre en ce cas ? Le roi ne pourra obtenir que ce que vous ne consentez pas à lui céder ! Alors, pourquoi ce trouble ?

Il l'avait prise dans ses bras, et il l'avait aimée, gravement mais avec sérénité. Que le roi la désirât en ces jours où lui-même s'apprêtait à conquérir la gloire lui semblait l'augure d'un avenir enfin heureux, enfin brillant. Allait-il lui falloir renoncer à ses projets pour une menace qui n'existait pas ? Il s'était déjà suffisamment couvert de ridicule dans l'affaire de Monsieur, celle-là même qui l'avait contraint à cet exil forcé et pénible à Bonnefont, pour recommencer. La Guyenne, il en venait, il ne voulait à aucun prix y repartir...

Oui, il avait été fou. Et confiant en Françoise, parce qu'il en était furieusement épris. Elle était sienne, comment pourrait-elle être à un autre?

Dans le matin froid qui allumait le décor de sa chambre, le marquis songea amèrement à la phrase de Madame de Caylus, dont il n'avait eu connaissance que bien trop tard :

« Il ne tenait qu'au marquis d'emmener sa femme et le roi, quelque amoureux qu'il fût, aurait été incapable, dans les commmencements, d'employer son autorité contre celle d'un mari. »

Sa compagnie était prête. Il pouvait maintenant partir pour le Roussillon et en revenir avec toute la gloire que méritait la beauté de Françoise dont il pensait avoir calmé les alarmes.

VI

Le marquis gagne Louise, mais perd Athénaïs

Louis-Henry partit donc avec ses gens pour le Roussillon. Françoise-Athénaïs restait à la Cour. Et la guerre, la vraie, allait enfin commencer. Turenne avait réuni sur la rive droite de la Somme une armée de 25 000 fantassins et de 10 000 cavaliers tandis que le maréchal d'Aumont concentrait aux environs d'Abbeville un second corps de 7 000 fantassins et 2 000 cavaliers.

Les troupes étaient suivies de la cohorte des fournisseurs, domestiques, palefreniers, charrons, vivandiers, musiciens et marmitons qui s'activaient autour des cantonnements comme des fourmis. C'est que les officiers et grands seigneurs ne pouvaient concevoir de partir en campagne sans leur « maisons », femmes et concubines comprises, et la suite de carrosses, de voitures de service, de malles, de tapisseries, de chandeliers et petits mobiliers nécessaires à rendre un conflit supportable.

En tout, c'est une armée de plus de 50 000 hommes exercés que Louis XIV, le 16 mai 1667, lançait à l'assaut de la Flandre. Il avait quitté Saint-Germain pour Amiens accompagné de la reine et d'une partie de la Cour.

« Tout ce qu'on a vu de la magnificence des rois de Perse, relate le comte de Coligny, n'est en rien comparable à la pompe qui accompagne Louis XIV. On ne voit passer par les rues que panaches, habits dorés, que mulets superbement harnachés, que chevaux de parade, que housses tendues de fil d'or, et gens étourdis qui se heurtent en allant et venant chercher ce qu'il leur faut pour parfaire leurs équipages. »

L'optimisme régnait. Le gouverneur espagnol des Pays-Bas, Castel-Rodrigo, n'avait que 20 000 soldats et se savait vaincu, « à moins d'un miracle ». La seule chose en son pouvoir était de tenter de répartir ses maigres forces le plus judicieusement possible, dans les places fortes. Mais malgré ses dispositions, la campagne qui s'ouvrait ne pouvait être une guerre de siège : même si le camp attaqué est en état de faiblesse, un siège met en péril l'attaquant. Or, on voulait là quelque chose qui semblât plutôt une promenade militaire. C'était un point sur lequel les chefs du roi, le maréchal d'Aumont, de Créqui ou le vicomte de Turenne, placé à la tête de l'armée du centre, s'étaient bien entendus.

Un Turenne à qui le roi faisait par ailleurs toute confiance. Sa Majesté n'était pas là pour commander, elle était là pour régner, en Soleil. Du 20 au 25 mai, à Amiens, le roi avait passé ses troupes en revue en présence de la reine — ces soldats n'étaient-ils pas les champions de la cause de Marie-Thérèse ? —, de la duchesse de La Vallière et de la marquise de Montespan. C'est de cette même ville qu'il avait fait partir les lettres patentes instaurant Mademoiselle de La Vallière duchesse de Vaujours. Personne ne s'y était trompé : il ne s'agissait pas d'une consécration, mais d'un cadeau d'adieu. Le roi voulait

Madame de Montespan. Il lui fallait congédier son ancienne maîtresse.

Le 25 mai, les choses sérieuses devaient commencer. Le roi avait pris la route de Péronne, tandis que la reine, accompagnée de ses dames d'honneur, s'était repliée au château de Compiègne. Du 8 au 14 juin, puis du 20 juillet au 4 septembre, la reine, Madame de Montausier, Mademoiselle de Montpensier, la princesse de Bade et Madame de Montespan, quelques seigneurs et quelques autres dames revinrent sur les campements pour fêter un vainqueur galant, tout droit sorti d'un roman de l'Arioste. Elles avaient alors l'impression d'assister aux répétitions des scènes de théâtre choisies pour les fêtes des Plaisirs de l'île enchantée. Les citadelles et les villes assiégées ne pouvaient longtemps résister à la furie française et à la science des ingénieurs de l'armée de Louis. D'Aumont prenait Bergues, Furnes, Armentières et Courtrai. Turenne recevait la reddition de Binche, Charleroi et Ath. Le roi dirigeait le siège de Tournai. Les places tombaient toutes comme des fruits mûrs. « Le roi s'amuse à prendre la Flandre... », écrivait la marquise de Sévigné.

Etait-il en mal d'amour lorsque à Charleroi, que le marquis de Castel-Rodrigo venait d'abandonner ruinée, Louis XIV choisit de faire une pause, et sous prétexte de remettre en état les fortifications pour y installer une garnison française, décida de s'y installer. Il rappela donc ses dames et leur demanda de venir au-devant de lui, à Avesne.

La reine fut heureuse de cette nouvelle, sans comprendre qu'elle ne lui était pas expressément destinée, et quitta Compiègne à l'aube. A six heures, dans cette soirée glorieuse du 7 juin 1667, elle arrivait en vue de La Fère quand, brusquement, par le fenestrou de son carrosse, elle aperçut la voiture, chevaux lancés au triple galop, de

Mademoiselle de La Vallière. L'indignation fit vasciller le royal regard. Quelle outrecuidance! Quelle insolente catin!

La rage n'abandonna pas la souveraine de toute la nuit, dans l'auberge de relais où ces dames s'étaient installées. Le lendemain, Mademoiselle de Montpensier la trouva à sa toilette, le visage décomposé, les larmes aux yeux. Comment la favorite osait-elle? A la sortie de la messe, la coupable parut enfin, mais Marie-Thérèse, feignant de ne pas la voir, jugea inutile de répondre à son salut et, en montant dans son carrosse, pria Villacref, son maître d'hôtel, de lui servir à dîner.

Dans le carrosse royal qui conduisait la reine à son conjugal rendez-vous, les dames d'honneur piaillaient comme autant de perruches, commentant à l'envi l'incroyable conduite de la favorite. Parmi elles, la marquise de Montespan n'était pas la dernière à critiquer l'inexcusable provocation.

«J'admire, dit-elle, sa hardiesse de s'oser présenter devant la reine, de venir avec cette diligence sans savoir si elle le trouvera bon. Assurément, le roi ne lui a point mandé de venir... Dieu me garde d'être la maîtresse du roi, et si je l'étais, je serais bien honteuse devant la reine...»

Silencieuse, la Grande Mademoiselle se contentait d'écouter ces propos fielleux. Devinait-elle, savait-elle déjà que le lendemain même, à l'étape d'Avesne, Françoise deviendrait justement, et à son tour, cette maîtresse pour laquelle elle ne semblait éprouver que dédain? C'est du moins ce dont elle témoigna dans ses *Mémoires* :

«La Marquise logeait chez Madame de Montausier, dans une de ses chambres qui était proche de la chambre du roi et l'on remarqua qu'à un degré qui était entre eux deux, où l'on avait mis une sentinelle à la porte qui donnait à l'appartement du roi, on la vint ôter, et elle fut toujours en bas. Le roi demeurait souvent tout seul à sa chambre, et Madame de Montespan ne suivait point la reine. »

D'après le président Hénault qui le tenait du maréchal de Villeroy, « la première fois que le roi la vit en particulier, ce fut une surprise à laquelle elle ne s'attendait pas elle-même. Madame d'Heudicourt couchait toujours avec elle, et, un soir que Madame de Montespan était couchée la première, Madame d'Heudicourt qui était dans la confidence sortit de la chambre où le roi entra, déguisé en suisse de Monsieur de Montausier ».

Au cours de ce martial été, Louis XIV collectionna des lauriers aisés à cueillir, aiguillonné par le seul souci d'éblouir son Athénaïs, qui par ailleurs n'était pas la seule à ressentir les charmes de Sa Majesté. Il suffit pour en être convaincu de lire, au hasard des lettres qu'écrivit en 1667 le marquis de Saint-Maurice, ce portrait d'un homme irrésistible :

« Sa Majesté joue à fond le jeu de la guerre, avec ses servitudes, ses rigueurs et ses risques. S'il le faut, il ne se couche qu'au jour. Il va au bivouac tous les jours d'où il ne se retire qu'au soleil levant. Il a les commandements très doux, son armée et ses conquêtes l'occupent entièrement. On le voit dans le péril ferme et d'un esprit égal comme dans un bal. Il prend des risques fous. Durant le siège de Lille, il est toute la nuit et une partie du jour à cheval et tout à découvert du canon de la place ; il ne manque pas un bivouac, va à la batterie mais pas à la tranchée, les officiers d'armée ne veulent pas ; l'autre jour, sachant qu'ils s'exposent, le roi leur dit : "Puisque vous voulez que je me conserve pour vous, je veux aussi que vous vous conserviez pour moi." »

Privé de sommeil, toujours à cheval, Louis finissait par changer de visage et de mise. Le voilà « beaucoup hâlé et amaigri, vêtu de buffle et les cheveux retroussés». Mais quand sa dernière conquête, pour laquelle il brûlait de passion, annonçait sa visite sous le couvert d'un rendez-vous avec la reine, alors il mettait beaucoup de temps à s'habiller; «il a la moustache retroussée, il est quelquefois demi-heure devant un miroir à se l'arranger avec de la cire», comme l'écrivait encore le marquis de Saint-Maurice.

C'est ainsi que le 2 juillet, le roi, pour la deuxième fois, retrouva la douceur des bras de la marquise, à Compiègne même, où l'attendait la Cour.

«Pendant ce séjour, relate la Grande Mademoiselle, la marquise logeait au-dessus de lui. Un jour, en dînant, la reine se plaignit de quoi on se couchait trop tard, et se tourna de mon côté : "Le roi ne s'est couché qu'à quatre heures; il était grand jour. Je ne sais pas à quoi il peut s'amuser." Il lui dit : "Je lisais des dépêches et j'y faisais réponse. " Elle lui dit : "Mais vous pourriez prendre une autre heure." Il sourit, et pour qu'elle ne le vît pas, tournait la tête de mon côté. J'avais bien envie d'en faire autant; mais je ne levai pas les yeux de mon assiette »

Et la campagne promenade durait. Puisque la guerre se faisait au nom des droits de Marie-Thérèse, le roi décida, sans nul doute parce qu'il ne pouvait plus se passer de la compagnie de sa nouvelle maîtresse, que la reine se devait de rendre visite à ses nouveaux sujets. On partit donc pour Douai et Tournai. L'équipage s'étirait dans la campagne brûlante de l'été. On se retrouvait aux étapes, où tous échangeaient plaisanteries et quolibets. Et pendant que Marie-Thérèse faisait le tour des églises et des couvents, Athénaïs prétextait de grandes lassitudes pour s'isoler dans ses appartements. Le soir, au dîner, lorsque la reine lui demandait ce qu'elle avait fait de son temps, elle répondait «qu'elle avait dormi tout le jour».

Françoise était heureuse, éperdument amoureuse, et à des milliers de lieues, en pensée, de son trépidant époux qui n'avait su la retenir.

*

Pendant ce temps, Louis-Henry guerroyait sous la bannière du duc de Noailles, gouverneur et capitaine général des deux comtés de Roussillon et de Cerdagne, fort de la belle compagnie de chevau-légers qu'il avait levée.

Mais si, en Flandres, la campagne avait des allures de promenade de santé, aux confins du royaume, près de la frontière d'Espagne, il n'en était pas de même. La situation était très troublée, et un fort vent de révolte y soufflait maintenant depuis quelques années. Cette partie de la Catalogne avait été fraîchement attribuée à la Couronne de France par le traité des Pyrénées. L'établissement de la gabelle, en violation du privilège tenu des rois d'Aragon, y avait fortement irrité une population ombrageuse, vindicative et enragée d'être coupée de sa moitié. La guerre de Dévolution permettait enfin à cette haine pour la France de se manifester au grand jour avec une ampleur redoutable.

Lorsque, le 8 mai 1667, Louis XIV s'était jeté sur la Flandre espagnole, le duc d'Ossuna, vice-roi de Catalogne, avait décidé d'opérer une vive riposte. Il sortit de Puigcerda à la tête de réguliers, traversa le Conflent, dans la haute vallée de la Têt, puis le Roussillon et mit le siège devant Bellegarde, clef de cette province si mal défendue faute de troupes suffisantes. Dans le même temps, Ossuna appela aux armes les somaten — paysans que l'on convoquait au son du tocsin — et les miquelets — compagnies de soldats organisées pour la lutte en tirailleurs dans la montagne. Tous étaient de Catalogne. Tous rêvaient d'en découdre avec les troupes de Louis XIV pour les bouter définitivement hors de leurs frontières. C'étaient des haines de plusieurs décennies qui s'étaient accumulées dans ces cœurs braves. Rancœurs d'autant plus redoutables qu'ils n'envisageaient pas la bataille selon les règles chères à Louvois ou à Turenne. Ces hommes connaissaient à fond le pays, tout en étant parfaitement rompus aux règles de la guérilla, et ils bénéficiaient sur le territoire français de la complicité des Catalans de France qui regrettaient la douce férule de Sa Majesté catholique.

Les paysans du sauvage Vallespir se levèrent en masse à la voix d'un rebelle, Joseph de La Trinxeria. Sous le nom d'« angelets », ils massacrèrent d'abord tous les agents du sel tombés entre leurs mains. Il s'ensuivit une guerre impitoyable de part et d'autre, mais fort pénible, surtout pour les Français, aussi mal préparés qu'ils le furent plus tard sous Napoléon à cette lutte d'embuscades au cœur d'un pays hostile et d'une nature fortement sauvage.

Dès qu'il avait été pris du fervent désir de faire de Françoise-Athénaïs sa nouvelle maîtresse, Louis XIV, ravi d'apprendre que l'encombrant mari s'absentait sans qu'on le lui demande pour lui laisser le champ libre, et — mieux encore — courait tête baissée risquer sa vie à trois cents lieues de là, avait demandé à Louvois de considérer avec beaucoup de faveur les demandes du marquis, tant qu'elles consistaient à entreprendre de lointaines et périlleuses conquêtes, au service de la Couronne... Sans nul doute, habitué aux complaisances infinies des gens de cour, le roi et Louvois le prenaient-ils, tous les deux, pour un adroit partenaire du jeu royal. Conscient de l'enjeu, Louvois, d'habitude si brutal dans ses commandements, se fit tout miel avec celui qu'il imaginait, bien à tort, complaisant.

Le capitaine de Montespan devrait compter cinquante

maîtres, chiffre réglementaire prescrit par les ordonnances pour les compagnies de cavalerie ? On lui en octroya quatre-vingt-quatre. Le roi ordonna qu'on subvienne à l'entretien et à la solde de l'excédent, et le ministre prit même la peine d'en aviser lui-même le marquis par une lettre en date du 14 octobre 1667 :

« Nonobstant la résolution que Sa Majesté a prise d'entretenir des compagnies de cavalerie au nombre de soixante maîtres ou plus, elle m'a touste-fois commandé de vous faire savoir qu'elle veut bien entretenir la vostre sur le pied des cavaliers effectifs dont elle est composée, en considération de la dépense que vous avez faite pour la mettre sur pied. C'est ce que je fais présentement savoir, de la part de Sa Majesté, à Monsieur Macqueron, afin qu'il s'y conforme, et à Monsieur le duc de Noailles que Sa Majesté désire qu'il mette vostre compagnie dans un quartier du Roussillon où elle puisse aysément subsister et où il y ayt le plus souvent des occasions de rendre vos services au Roy, afin que, par ce moyen, vous puissiez mériter un régiment dans la première occasion qui se présentera. Cependant, je vous diray que le Roy a incorporé vostre compagnie dans celui du Colonel général de la Cavalerie légère qui s'en va présentement hiberner proche du Roussillon et je me réjouis avec vous des avantages que Sa Majesté vous fait, vous assurant que je prendray toujours beaucoup de part à ceux qui vous arriveront. »

Que d'attentions ! Cette lettre, le marquis l'avait toujours en sa possession. Il s'était juré de ne jamais s'en séparer, pour qu'elle lui rappelle, chaque fois qu'il serait tenté de fanfaronner, sa naïveté et son aveuglement. Car enfin, même après les aveux de Françoise, même après les longs mois qui l'avaient séparé de son épouse sans qu'il ait nouvelle d'elle, il ne lui était pas venu à l'esprit, un seul instant, que les craintes qu'elle lui avait confiées pouvaient avoir un fondement. Et que les doutes qu'il aurait dû en concevoir s'étaient funestement transformés en certitudes.

Sinon, comment expliquer ces si soudains privilèges dont Louvois l'agrémentait, quand, depuis cinq ans, il voyait toutes ses demandes de nomination à la tête d'un régiment déboutées. Lors de son retour de la malheureuse équipée de Djidjelli, où pourtant, tous en avaient témoigné, il s'était battu avec la plus grande bravoure, le roi n'avait pas daigné récompenser ses mérites.

Décidément, quelle sottise! Dire qu'il ne s'était pas davantage alarmé quand il avait connu la teneur du billet adressé, encore par Louvois, au duc de Noailles :

« Je vous assure que les soins que vous prendrez de bien poster Monsieur de Montespan seront fort agréables à Sa Majesté. »

Un peu plus tard, le 26 octobre, le duc de Noailles avait rendu compte au ministre d'une lutte particulièrement chaude entre Français et Espagnols devant Puigcerda. Les troupes françaises, commandées par le lieutenant général marquis de Foucault, avaient, malgré le canon de la ville, rejeté les soldats du roi catholique jusqu'aux palissades.

« Monsieur de Foucault me mande, écrit le duc, que Monsieur de Coulanges et tous les officiers de cavalerie et d'infanterie, et les troupes, y ont fort bien fait leur devoir, que la plus grande peine qu'il a eue à estre de les faire retirer des palissades et des autres endroits où ils s'estoient trop avancés et que Monsieur le marquis de Montespan et Monsieur de Saint-Martin, qui commande la compagnie de Roquelaure, qui avaient esté détachés avec leurs compagnies, s'y sont particulièrement signalés. »

Il s'en souvenait encore, de cette bataille, le marquis! Il lui suffisait de respirer fort pour que lui revienne en mémoire l'odeur de la poudre et de la terre, chaude de soleil et rouge de sang. Ah ! Quelle plus belle griserie que de combattre et que de vaincre, entouré de ses hommes, et de faire plier le genou à l'ennemi. Il ne connaissait pas de plus grande jouissance que celle-là, pas même celles trouvées dans les bras délicieux de Françoise, quand elle était encore sienne.

Ce jour-là, trois de ses cavaliers, emportés par leur ardeur, s'étaient même fait prendre dans le flot des fuyards et étaient restés prisonniers des Espagnols. Mais le marquis avait pu, à la faveur de la nuit, aller les libérer. Et le 22 novembre, Louvois lui avait écrit derechef pour le féliciter et lui manifester le contentement du roi :

« Le Roy a tesmoigné estre très satisfait de la valeur et de la conduite que vous avez fait apoistre dans cette rencontre. Et je puis vous dire que Sa Majesté vous en donnera des marques dans les occasions. Et je vous supplie très humblement d'agréer... »

Quelle courtoisie chez l'arrogant personnage ! C'est qu'à la vérité, dans l'esprit du ministre, l'époux de la favorite, qu'il croyait consentant, était en pleine faveur et qu'il valait mieux ne pas se fâcher avec un gaillard dont la réputation de verve et d'irascibilité était connue de tous. A cette heure, ni Louvois ni le marquis ne doutaient que très bientôt un brevet de colonel récompenserait cette belle vaillance. La différence entre les deux hommes, c'est que Louvois savait qu'une telle promotion remercierait surtout le bon goût et l'opportunité de cette villégiature en Roussillon là où le marquis voyait ses mérites guerriers reconnus.

Tant d'honneurs, tant de gloire devait se fêter. Et se fêter dignement. Entre les escarmouches, le marquis n'avait pas l'intention de s'ennuyer. Après tout, la mort pouvait le surprendre avec la vitesse d'une balle de mousquet ou d'un boulet de canon. Il buvait donc, jouait aux cartes... et cherchait quelques bonnes fortunes pour le distraire jusqu'à la prochaine bataille.

Le capitaine de chevau-légers avait donc enlevé une fille de basse condition pour l'installer dans sa compagnie, déguisée en soldat.

Louis-Henry, malgré sa tristesse, sourit à cette évocation. La garce s'appelait Louise, elle était jolie, fraîche et, ma foi, fort peu farouche. Il l'avait prise chez elle et l'expérience leur avait assez plus à tous les deux pour qu'il lui propose de le suivre, et pour qu'elle accepte de le faire. Travesti en soldat, elle avait donc filé le beau capitaine, le rejoignant nuit après nuit dans sa couche.

L'aventure aurait dû se poursuivre le temps qu'ils s'en lassent l'un ou l'autre, et sans qu'elle fît scandale, mais très malencontreusement, il avait fallu que l'un des parents de la belle la reconnaisse, à Perpignan, sous l'uniforme, en compagnie du valet de chambre du marquis. Le croquant, cet imbécile, s'était cru obligé de courir chez le sous-bayle de la ville pour faire ses plaintes : depuis cinq semaines, la famille de Louise se lamentait sur sa disparition. Et le sous-bayle de la ville, incontinent, avait donné l'ordre de se saisir de la coureuse et de la jeter en prison.

L'affaire se serait peut-être arrêtée là si le marquis n'en avait pris ombrage. Quoi! Allait-on imaginer qu'il puisse laisser une fille croupir sur la paille humide simplement parce qu'elle l'aimait et, même, l'aimait fort bien? Et par l'ordre d'un roturier de petite souche, de surcroît?

Aussitôt su, il s'était rendu chez le sous-bayle, avait pulvérisé sa porte d'un coup de botte et pointé la lame de son fleuret sur la poitrine du malheureux interloqué. Intimidé, sûr qu'il avait affaire à un illuminé nanti et persuadé de son bon droit, le sous-bayle avait su, avec grande finesse, atermoyer. Il avait mandé un serviteur pour chercher la mère de Louise et l'obliger à ramener sa diablesse de fille dans sa famille, laquelle, à peine libérée, avait couru dans les bras du marquis. L'idylle dura encore quelques jours, le temps de brèves étreintes. Mais Louise, maintenant, ne l'amusait plus. Alors, sans larmes parce qu'elle ne s'attendait pas à mieux et qu'elle était sage, ils s'étaient quittés : lui le cœur rempli des souvenirs des bons moments passés ensemble, elle vingt pistoles dans la poche, viatique pour trouver un mari, comme il le lui conseilla et comme elle le fit d'ailleurs.

Tout aurait donc bien fini si les cavaliers du marquis s'étaient montrés moins attachés à leur chef. L'impertinence du sous-bayle, qui avait osé contrecarrer les amours d'un haut seigneur, les piqua au vif. Maréchal des logis en tête, un groupe d'entre eux alla donc rosser le quidam à domicile. Ce qui, on s'en doute, ne fut pas à son goût. La culotte encore déchirée, il courut réclamer justice au Conseil souverain du Roussillon, tribunal suprême des deux comtés, qui avait remplacé l'ancien tribunal espagnol de la Gubernacio.

L'affaire devenait grave, et les coupables, ainsi que leur capitaine, s'exposaient à de sévères sanctions. Mais, comme par enchantement, la victime fut déboutée, et ses accusations ramenées à des peccadilles. Un quart d'heure après être rentrée en audience, la troupe du marquis ressortait, blanchie et amnistiée...

Evidemment, se dit encore une fois le marquis, il aurait pu, il aurait même dû s'étonner d'une telle mansuétude, et soupçonner qu'une puissante intervention avait arrangé l'affaire en sa faveur. Mais comment aurait-il imaginé que ce qui le protégeait n'était rien de plus que la conduite infâme de Françoise. Somme toute, le verdict n'était pas si étonnant, quand le bon plaisir du prince avait force de loi. Or, en Roussillon, où il risquait sa vie pour la Couronne, il représentait en quelque sorte le prince. Pourquoi, dès lors, se poser des questions sur ce régime de faveur ? A cette époque, Louis-Henry l'avait jugé des plus naturels. Quant à l'arbitraire royal, il absolvait des fautes autrement sérieuses que les coups de plat de sabre donnés à un petit robin de province.

Et puis, cela pouvait-il être le prix consenti par le roi au silence d'un époux ? D'un époux de son rang ? Le sieur de La Baume Le Blanc, frère obscur de Louise de La Vallière, gentillâtre tourangeau, sans sol ni maille en 1661, date de l'exaltation de sa sœur, s'était bien retrouvé, quelques années plus tard, grâce à une opiniâtre mendicité, gouverneur de Moulins et du Bourdonnais, et serait même allé bien plus haut sans la chute rapide de la douce favorite. Alors, si lui, le marquis, comme la Cour avait eu l'impudence de le chuchoter, avait accepté de vendre sa complaisance dans l'adultère de sa femme, il l'aurait fait pour un tout autre prix qu'une intervention dans une banale et ridicule affaire de coups et blessures, au fin fond des provinces !

Un prix, que le roi aurait d'ailleurs tout à fait consenti à payer, si élevé qu'il soit, le marquis en était persuadé. Chez le monarque, comme chez la marquise, et d'ailleurs comme chez la plupart des libertins de l'époque, veillait une foi indélébilement gravée par une longue tradition religieuse. Une foi qui restait immuable au travers des pires désordres et ne manquait pas de se manifester en chaque occasion.

Or, un double adultère, et c'était bien le cas, ne pouvait que contrarier le roi. Bien plus que la séduction d'une Louise de La Vallière, libre de tout lien matrimonial. Avec la marquise, le scandale serait autrement énorme aux yeux de son peuple, et aux yeux de Dieu dont il tenait sa légitimité. Et puisque son pouvoir de souverain restait impuissant à supprimer ce scandale, tout ce qui pourrait l'apaiser, l'adoucir, le rendre presque invisible ne lui paraitraît jamais trop cher. Le prince de Soubise et beaucoup d'autres l'avaient très bien compris, qui dès les prémices de la liaison du roi avec Françoise spéculèrent là-dessus pour monnayer au mieux de leurs intérêts leur inaltérable complaisance.

Cependant, loin de s'alarmer de ces faveurs, incapable d'en saisir la véritable raison, le marquis s'en réjouissait fort. Et s'il les attribuait aux succès flatteurs de sa femme à la Cour, c'était au seul pouvoir de sa beauté, de son merveilleux esprit et de son intelligence qu'il pensait. Nul doute que, mise au courant des frasques de Louis-Henry, elle n'ait su intervenir auprès des personnes influentes, les amadouer par son charme et son humour — et puis, après tout, n'était-elle pas dame d'honneur de la reine ?

Et c'est la reine qui n'avait pas manqué, il en était certain, d'intervenir auprès du roi afin qu'il rédigeât les belles « Lettres de Grace, Pardon et Remission En Faveur Du Marquis de Montespan » qui étaient arrivées à point nommé pour débouter ce crétin de sous-bayle de ses accusations.

Donc, en ces jours d'automne 1667, Louis-Henry savait profondément gré à son étincelante femme de son entregent. Par elle, le nom des Montespan recouvrait un lustre nouveau, tout à fait de nature à désarmer enfin l'hostilité que le roi portait à sa famille et à les rétablir dans leurs anciennes faveurs. Et les faveurs du roi, ne laissaient aucun gentilhomme à la Cour indifférent.

Parvenu à ce point de l'« affaire », Louis-Henry, dans sa chambre de Bonnefont, tenta de chasser ses souvenirs désagréables, et commença de s'habiller...

VII

« Faut-il que tout passe ainsi de main en main ? »

Tout en tirant sur le cuir fauve de ses culottes de chasse, Louis-Henry de Montespan se souvenait de son voyage à Paris, au mois de mai de l'an de grâce 1667. Aurait-il pu alors se douter de la trahison de la marquise ? Françoise demeurait dans son appartement de la rue de Taranne. Il avait quelques affaires à régler en la capitale, mais aussi le brusque et violent désir de la retrouver et de la prendre dans ses bras. Les étreintes paysannes étaient parfois divertissantes mais restaient hygiéniques, et après quelques mois de campagne il rêvait de douceurs, de la peau parfumée, des dentelles, et des caresses raffinées de sa femme qui lui manquait.

Une lettre, mandée par courrier spécial, l'avait avertie de son retour, mais les retrouvailles n'avaient pas été à la hauteur de ce qu'il espérait.

A peine la porte poussée, il avait été saisi par la somptueuse beauté de Françoise. Elle avait vingt-sept ans et son corps plein et harmonieux était paré comme celui d'une jeune déesse. Elle était au faîte de sa beauté. Son éclat, la luminosité de son teint et de son sourire, Louis-Henry les avait attribués à son âge, à l'épanouissement de sa féminité, encore sublimée par la naissance de leurs deux enfants, la petite Marie-Christine et le jeune Louis-Antoine, marquis d'Antin.

Il était loin de se douter que ce panache tenait à ses récents succès amoureux, auprès du plus prestigieux des amants. Elle avait ri de sa barbe mal rasée, de la poussière de ses vêtements et de son manteau de buffle. Il puait après quatre jours de voyage menés à bride abattue, et, de son esprit incisif, elle avait su en quelques remarques le repousser. Il n'avait eu droit de la toucher qu'après qu'elle eut mandé, par l'entremise de l'un de ses domestiques, un marchand de vapeur qui sillonnait le quartier.

Et lorsqu'elle s'était enfin décidée à répondre à son étreinte, fougeuse, elle l'avait fait du bout des doigts, du bout des lèvres. Le deuxième soir, elle s'était esquivée, dans un grand rire de gorge, prétextant une fête à Versailles où elle se devait de paraître. La garce ! Elle avait poussé la duplicité jusqu'à lui faire miroiter les avantages qu'ils gagneraient tous les deux à jouer de son influence. Ce soir-là, sans doute, elle avait rejoint le roi.

Comme à son habitude, il avait tempêté, pesté, et quelque peu violenté Françoise. Il lui arrivait encore, quand il était en proie aux coupables penchants à la clémence que lui dictaient les cendres de son bel amour, de regretter ses éclats. S'il avait été plus doux, plus prévenant, s'il avait su, peut-être alors, en copiant les manières efféminées de ces courtisans qu'il exécrait, garder l'amour et l'affection de Françoise, les choses n'auraient pas pris ce cours funeste...

Il était donc reparti pour le Roussillon, et aujourd'hui, il n'en doutait plus — Françoise avait œuvré pour qu'il ne reparaisse plus à Paris, ou le moins possible. Et elle y avait pleinement réussi. Plusieurs fois, Louis-Henry avait quêté devant Macqueron l'autorisation de quitter le camp et de rentrer à la capitale. Et Macqueron, bien embarrassé et parce qu'il recevait des ordres de clémence de très haut lieu dès qu'il s'agissait du marquis, avait renvoyé la prière à Louvois. Qui avait répondu, le 21 novembre 1667 :

«... Vous ne me mandez point si avec Monsieur de Noailles des officiers ne se sont point mis en chemin pour revenir icy avec luy [Monsieur de Montespan N.D.A.]. Je lui avais mandé de ne le point souffrir, et je suis persuadé qu'il ne l'aura pas fait. Vous direz à Monsieur Foucault que sous quelque prétexte que ce puisse être, il ne doit donner congé à aucun officier pour sortir du Roussillon.»

Et, dans le même temps, par une lettre expédiée au duc de Noailles, Louvois, serviteur zélé de tous les désirs du roi, tâchait d'adoucir l'exil du mari encombrant, afin qu'il exprimât le moins possible de velléités de retour.

«La disposition dans laquelle se trouve Monsieur le marquis de Montespan de servir le plus utilement qu'il lui sera possible pendant l'hiver et le bon état où se trouve sa compagnie ont donné lieu au commandement que j'ai reçu de vous faire savoir que le roi souhaite que vous la logiez dans un lieu où elle puisse subsister commodément et d'où elle donne lieu au capitaine de servir utilement et de se mettre en état d'acquérir de l'expérience et la capacité.

«Je vous assure que les soins que vous prendrez de le bien poster seront agréables à Sa Majesté.»

Pour être bien posté, il l'avait été, le marquis. Par commandement de Macqueron, sa compagnie fut établie à Ille, incontestablement le séjour le plus doux et le plus confortable qui se puisse rencontrer en cette province de Roussillon, où les femmes étaient brunes et n'avaient pas froid aux yeux, où un vin lourd et sirupeux vous montait vite à la tête, et où il ne faisait nulle difficulté à trouver quelques larrons pour disputer une partie de cartes.

Ses soldats étaient logés chez l'habitant, à qui les consuls de la ville fournissaient le nécessaire pour leur subsistance et celle de leurs montures. Le séjour de cette compagnie de chevau-légers était beaucoup moins agréable aux autochtones. L'équilibre économique de la petite ville restait toujours fragile, à la merci d'une mauvaise récolte ou, plus régulièrement hélas, à celle de ces messieurs de l'impôt. Trouver l'argent supplémentaire pour nourrir cette bruyante et nombreuse soldatesque relevait souvent du miracle, ainsi qu'en témoignent les archives de l'époque. Les officiers municipaux avaient donc été contraints de prélever une dîme spéciale.

« Ne se sab de on traurer diner, ni furnir civada et ordi a la companya que de present esta allotjada en la present vila del Excellentissim Senyor marques de Montespan. »

Mais les ordres de Louvois et de Macqueron ne se contestaient pas. Aussi, tous les fourrages, toute la paille de la vicomté avaient été retirés aux paysans, pour l'usage exclusif de l'excellentissime marquis. Et lorsqu'il n'y eut plus une pièce dans les caisses municipales, les trois consuls, François Marti, Cosme Riera et François Benecis, durent prendre l'argent nécessaire sur leur cassette personnelle. Leurs maigres ressources s'étaient transformées en viande séchée, sel, chandelle et vinaigre, pour les besoins et les ripailles de la compagnie.

Le marquis, malgré l'assurance que tout était dû, et à son

rang, et à sa mission, avait su se faire pardonner. Il lui arrivait souvent, le soir, de convier tous ses hôtes forcés à ses dîners, qu'ils fussent consuls ou simples paysans. Et sa popularité auprès des habitants d'Ille n'avait cessé de grandir. C'est qu'il les protégeait aussi des razzias des maquisards tombant de leurs montagnes tel le faucon sur la palombe pour se payer sur le pauvre et l'orphelin. Jamais à Ille on n'avait pu trouver, jusque dans les délibérations de l'assemblée communale, la moindre plainte contre ces invités obligés.

Les premiers temps, Louis-Henry se le rappelait fort bien, il avait été heureux de ces journées d'automne 1667, où il régnait sur ce village comme le roi sur Versailles. Les courriers ne lui apportaient rien de désagréable. Pendant son court séjour parisien, il avait calmé ses créanciers. Ses pertes au jeu n'étaient pas considérables et il savait récupérer les sommes auprès des consuls. Mais, insensiblement, l'ennui avait commencé à le chatouiller. On ne se battait plus. Ses hommes s'ennuyaient à traîner dans les petites rues. On avait vite fait le tour des belles, trop fanées, trop rustres et trop ignares en joutes amoureuses pour les distraire longtemps. Et puis, une vilaine rumeur était parvenue jusqu'à ses oreilles. On contait qu'à Versailles, La Vallière perdait son influence auprès du roi. Les chansonniers répétaient à l'envi un nouveau couplet qui amusait beaucoup le peuple de Paris et se répandait maintenant en province :

On dit que La Vallière
S'en va sur son déclin.
Ce n'est que par manière
Que le roi suit son train.
Montespan prend sa place.

Faut-il que tout passe
Ainsi de main en main?

Par courrier, Louis-Henry s'était ouvert de ses inquiétudes auprès de son père qui, recevant la confirmation de la rumeur au fin fond de sa Gascogne, avait cru bon de lui répondre, après l'avoir crié partout : « Dieu soit loué! Voici la fortune qui commence à entrer dans notre maison. »

Louis-Henry avait donc arraché à Macqueron la permission de rentrer une nouvelle fois à Paris, l'espace de quelques jours. Il était arrivé dans la capitale sans crier gare, le 13 janvier 1668, jour de la première représentation d'*Amphitryon*, la comédie de Molière, que l'on donnait au Palais-Royal.

La chaleur, la douceur de l'accueil de sa femme avaient immédiatement calmé ses soupçons. La Cour ne changerait donc jamais, bruissante de rumeurs malveillantes, de paris insensés sur la vertu des unes et des autres. Françoise était à lui et bien à lui. Il en avait eu la preuve la nuit même, et c'est l'esprit serein qu'il avait assisté à la représentation de la pièce. Et puis pourquoi aurait-il cru ces bruits? N'avait-on pas déjà donné Monsieur et Lauzun pour amants à sa femme, sans compter Monsieur de Frontenac. Louis-Henry se souvenait, avec trop de honte, de son esclandre ridicule auprès du frère du roi. Cette fois-ci, on ne l'y reprendrait plus.

Le guerrier était donc rentré au logis dans les mêmes conditions que l'Admète d'*Amphitryon*, et il n'avait rien entendu des « transparentes allusions qui auraient dû troubler sa sérénité. A la Cour, nul n'ignorait la passion du roi. Le mari aurait dû la connaître, casser les vitres, exiger que le roi lui rendît sa femme ».

Mais il n'avait rien soupçonné, sûr de son pouvoir sur elle, certain que ces vers n'étaient que pure coïncidence :

Un partage avec Jupiter
N'a rien du tout qui déshonore
Et sans doute, il ne peut être que glorieux
De se voir le rival du souverain des dieux
Le Seigneur Jupiter sait dorer la pilule.

Saint-Simon lui-même avait été frappé de sa crédulité dans cette affaire au point de noter dans ses Mémoires : «Si le marquis ne criait pas encore, c'est qu'il ne pensait pas avoir à le faire.»

Et comme dans la pièce, la suite s'était déroulée selon la morale. Sans la bénédiction du maître de l'Olympe, Alcmène-Françoise et son mari avaient repris le cours de leur vie conjugale.

Un cours fort tumultueux. Françoise-Athénaïs semblait avoir la fièvre. Dans le même jour, elle passait de l'humeur la plus joyeuse aux abattements les plus incompréhensibles. Elle disparaissait des heures entières. Pour voir le roi ? Certes pas.

Le 2 février 1668, en plein cœur de l'hiver, Louis XIV avait brusquement quitté la Cour, alors résidant au château de Saint-Germain. Il venait d'apprendre l'entrée en Franche-Comté du prince de Condé et la capitulation de Besançon. Cinq jours plus tard, après une chevauchée enragée, il rejoignait son armée à Dijon. Il lui fallait absolument prendre la Franche-Comté, au risque de perdre ses accessions de 1667. Or, sans cette province, la Hollande et l'Angleterre étaient parfaitement en mesure de signer un accord pour engager un conflit afin d'effacer des pages de l'Histoire les récentes conquêtes de Louis

Le 10 février, le roi se présentait donc sous les murs de

Dole, capitale de la province, et prenait la ville en quatre jours d'un siège difficile. Les heures suivantes, Gray tombait à son tour. Les garnisons espagnoles étaient exsangues et obligées de céder à la couronne de France l'une des plus belles provinces de l'héritage de Philippe IV.

Et dès la fin du mois de février, les Hollandais offraient leur médiation à Castel-Rodrigo où les négociations furent sévères. Louis pouvait donc triompher dans le rôle du vainqueur magnanime. A Saint-Germain, il imposait à Louvois, Turenne et Condé, partisans de la guerre, les points de vue des pacificistes Colbert, Le Tellier et Lionne. Le 15 avril, on préparait les préliminaires de la paix, qui était conclue et signée le 2 mai à Aix-la-Chapelle. Si le traité restituait à Charles II la Franche-Comté, il conservait à la France les plus belles places du Nord : Charleroi, Audenarde, Tournai, Courtrai, Douai et Lille.

Pendant ce temps, le bruit courait à Paris que la triomphante Françoise-Athénaïs avait sacrifié à la mode de l'époque : la consultation de sorcières, devins, mages et tireuses de cartes dont les échoppes secrètes fleurissaient dans les quartiers populaires de la capitale. « L'ancienne habitude de consulter les devins, de faire tirer son horoscope, de chercher des secrets pour se faire aimer, subsistait encore parmi le peuple et même chez les premiers du royaume », écrivait Voltaire.

Parmi ceux-là, la plus célèbre, Catherine Monvoisin, née Deshayes et dite la Voisin, de funeste réputation, tenait son cabinet rue Beauregard, aidée dans ses entremises par deux complices, Adam Cœuret, dit Lesage, et l'abbé Mariette, prêtre de Saint-Séverin, capables de s'infiltrer, grâce à leur état religieux, jusque dans les salons les plus nobles de la Cour. Ainsi, l'appartement de Madame de Thianges, qui était l'amie et la confidente de Françoise. Plus tard, la fille Voisin, Marie-Marguerite, témoignerait contre la marquise, lorsque l'affaire des poisons éclaterait au grand jour.

D'après elle, Madame de Montespan, qui ne savait encore si l'affection du roi lui resterait, avait communiqué directement et par messagères avec la Voisin pour obtenir d'elle toutes sortes de maléfices. Ce qu'elle désirait par-dessus tout, pendant qu'elle trompait son mari par de fausses caresses et de rassurantes paroles et que son royal amant menait ses sièges et ses guerres, c'était une potion qui lui assurât à jamais l'attachement du souverain et la chute définitive de sa rivale, Louise de La Vallière.

De ces messages secrets, il aurait résulté la livraison conséquente et régulière de poudres aphrodisiaques. Et la marquise se serait même prêtée à d'étranges et regrettables cérémonies, menées par l'abbé Mariette, grand dispensateur de philtres d'amour...

La fille Voisin avait même, plus tard, abondé dans les descriptions de messes noires dites sur le ventre nu de la belle marquise, mais, Louis-Henry en était certain, sa femme n'avait pu aller jusque-là. Elle était trop dévote. Et sa piété, incontestable et qui ne cesserait de croître au fur et à mesure de sa liaison avec le roi, ne pouvait se concilier avec ces démoniaques stratagèmes.

A cette même époque, d'ailleurs — Louis-Henry n'avait qu'à baisser les paupières pour que la scène surgisse devant ses yeux —, Françoise s'était jetée dans ses bras au retour de vêpres. Elle avait l'air fort alarmé. S'était-elle confessée ? Le prêtre lui avait-il dressé le spectre de l'enfer et promis un châtiment éternel si elle ne se repentait pas ? Toujours est-il qu'à genoux, les mains agrippées à ses chausses de cuir, elle avait pressé son mari de quitter Paris. Elle pleurait, sanglotait et répétait inlassablement que le roi lui faisait une cour assidue. Qu'il ne cessait de la vouloir, de la convoiter. Et qu'il fallait à tout prix, et toutes affaires cessantes, avant même qu'il ne revienne de ses campagnes, qu'on l'éloignât de la Cour, le temps nécessaire à l'apaisement du désir du roi.

Ces prières, une nouvelle fois, l'avaient flatté. Ainsi donc, elle l'aimait, elle était à lui, et il avait trop confiance en elle, à cette époque du moins, pour songer un instant qu'elle pût céder. Pire, qu'elle ait déjà cédé.

« Toutes affaires cessantes », avait-elle dit. Mais comment les faire cesser, ces maudites affaires ? Son séjour à Paris avait un autre dessein : calmer les anciens créanciers, de nouveau pressants. Ses embarras financiers prenaient allure de cauchemar et les dépenses folles de Françoise n'arrangeaient rien à l'affaire. Le ménage avait dû déménager de la rue de Taranne pour investir un logement beaucoup plus modeste, rue Saint-Nicaise. Au cours du déménagement, ils avaient sacrifié quelques meubles et gardaient l'espoir que leurs créanciers perdraient leur trace.

En vain ! Il n'était pas de jour que l'un d'entre eux ne frappât sèchement à leur porte. Le 1er mars, les deux époux se présentaient conjointement devant Maîtres Crespin et Carré, notaires au Châtelet, pour y contracter dans les formes les plus légales un emprunt de quatorze mille livres. A peine de quoi régler leurs dettes les plus criantes. L'avenir était bien loin d'être assuré et le crédit du marquis, sur la place de Paris, largement entamé : de porte en porte, les garanties exigées croissaient en démesure.

Cette course aux subsides avait fini par lasser Louis-Henry, qui n'avait même pas pu jouir suffisamment de son temps pour fréquenter les salons à la mode et tenter sa chance aux cartes ou au billard. Sa décision avait été rapidement prise : il retournerait en Roussillon, où les derniers créanciers insatisfaits ne pourraient l'atteindre. Avant de quitter Paris et de s'éloigner d'une épouse dont il était maintenant sûr, il était repassé avec elle devant le notaire, où il lui avait donné une procuration générale « avec pouvoir et puissance à l'effet de gouverner toutes leurs affaires et biens, recevoir toutes sortes de deniers qui leur sont dus, bailler à ferme leurs terres, maisons et héritages, aux conditions d'usage ».

Mi-avril, le marquis avait rejoint son commandement pour constater que les opérations militaires n'avaient pas repris. Mais ni la douceur du printemps ni les danses de sardane ou le chant du vent de Cers à travers les Pyrénées n'avaient su calmer son ennui. En quelques semaines, les beaux écus empruntés avaient été dépensés. Et deux mois plus tard, le sang bouillonnant de nouveau dans ses veines de Gascon, il avait alors résolu de rentrer à Paris, et, pour ce faire, avait mandé une nouvelle permission à Macqueron.

Devant son supérieur bien ennuyé, Montespan avait expliqué que Louvois l'avait dissuadé de son projet de lever une unité d'élite composée d'une centaine de gentilshommes, que la guerre était finie et bien finie, qu'un compromis sur les gabelles avait achevé d'amadouer les terribles angelets contre lesquels le marquis s'était si vaillamment battu, bref que la paix régnait de nouveau en Roussillon et que par conséquent il ne saurait qu'y faire.

Ce fut le roi lui-même, le 14 juin, qui répondit à sa requête. Louis XIV, comme les mauvaises langues et la Cour elles-mêmes en étaient persuadées, tenait pour certain que le marquis connaissait sa liaison avec la marquise. Et que, par calcul et ambition, il saurait s'en accommoder, en échange de quelques titres et commandements.

« Monsieur le Marquis, ayant considéré que votre présence n'est plus nécessaire à mon service au lieu que vous êtes, je vous fais cette lettre pour vous dire que je trouve bon que vous veniez par-deçà et alliez partout où vos affaires vous appelleront. »

Ses affaires l'appelaient tout d'abord sur ses terres. Il voulait y régler quelques histoires de fermage, prendre des nouvelles de sa petite Marie-Christine, confiée depuis sa naissance à Chrestienne de Zamet, sa douce et pieuse mère, et tenter de gratter encore quelques écus pour revenir les poches pleines.

Pendant ce temps, le roi avait décidé de donner une fête sans égale, qui célébrerait à la fois sa victoire, le traité d'Aix-la-Chapelle, et l'imminente naissance du cinquième enfant qu'allait lui donner la reine. Louis XIV voulait aussi faire oublier aux courtisans « ce que la Cour avait perdu dans le carnaval pendant son absence », selon Félibien.

Comme toujours, Louis avait tenu à superviser le moindre détail de cette nuit de plaisirs et de raffinements qu'il avait fixée au 18 juillet de l'an de grâce 1668. Elle aurait lieu à Versailles. Il avait chargé Colbert de surveiller les bâtiments et d'assurer la sécurité du feu d'artifice. Le duc de Créqui préparait les divertissements théâtraux, le maréchal de Bellefonds, le souper, et Le Vau, la construction de la salle de bal.

Le programme de la soirée était rigoureux : en inauguration, on donnerait, au bosquet de l'Etoile, où convergeaient cinq allées ombragées, une éblouissante collation disposée sur cinq tables dressées, couvertes de viandes froides, de palais en massepain et pâte sucrée, au-dessus desquelles maints poiriers, abricotiers, groseilliers et orangers tendraient leurs branches couvertes de fruits confits.

Ensuite, on se rendrait en chaises à porteurs, derrière la reine, jusqu'au bassin des Cygnes, qui allait devenir le bassin d'Apollon. Puis, la Cour se dirigerait vers le théâtre de verdure, véritable fontaine de rafraîchissements servis sans discontinuer par une cohorte de laquais, pendant que l'on représenterait la dernière pièce de Molière : *Georges Dandin*, et la nouvelle composition de Lulli, les *Fêtes de l'Amour et de Bacchus*, dont la partition écrite pour une chorégraphie mettait en scène plus de cent acteurs !

De même, Louis ne voulait pas laisser à la seule nature, et au talent de Le Nôtre, le soin de présider. Devant chaque arbre, on devait pendre les plus belles créations des tapisseries de la Savonnerie, encore rehaussées par la beauté classique de fausses colonnes entre lesquelles s'érigeaient des statues de marbre.

Après les divertissements, on servirait un souper de cinquante-six plats, sur des tables dressées tout le long de l'allée Royale, autour d'un autre décor simulant le mont Parnasse, pendant que, par la magie d'un système hydraulique savamment masqué, des fontaines d'eau claire distilleraient leur chant cristallin, délicieux écho à la musique donnée par un orchestre de violons.

Il y aurait deux tables d'honneur. Celle du roi, où soixante privilégiés entoureraient le monarque, et celle de la reine, dotée d'une quarantaine de couverts. Déjà, on composait la liste des trois mille personnes invitées, qui remonteraient après le festin vers le château. A mi-chemin de la résidence royale, Louis XIV avait demandé que l'on dressât une salle de bal octogonale, décorée de rocailles et de guirlandes où l'on danserait en attendant le moment magique entre tous où la Cour assisterait au fabuleux feu d'artifice composé pour la circonstance. Et c'est ainsi que par la volonté de Louis, son chiffre, lors du bouquet final, illuminerait le ciel de cette nuit d'été avant que de la rendre aux dieux qui l'habitaient.

Cette fête, dont Louis-Henry n'avait pas connaissance, et qui allait coûter cent dix-sept mille livres, était l'hommage secret (mais pour qui ?) de Louis à Françoise-Athénaïs. Et pour Louis-Henry, marquis de Montespan, ce serait la découverte de son « état ». Et le point de départ du scandale.

VIII

Les extravagances de Louis-Henry

Louis-Henry était « remonté » vers Paris à petite chevauchée. Il avait quitté ses terres le 12 juillet 1668. Le 6 août, il passait les portes de la capitale.

Le peuple était en liesse. Partout, ce n'était que fêtes et chansons. Deux jours auparavant, la reine avait accouché sans mal d'un fils, Philippe Ier, duc d'Anjou, et les cloches de toutes les églises, de Saint-Germain-l'Auxerrois à Notre-Dame, de Sainte-Geneviève à Saint-Eustache, chantaient à toute volée l'heureuse nouvelle. Le marquis avait mis pied à terre devant une taverne dans laquelle il était entré. Un pichet de vin frais restait la meilleure occasion de prendre les dernières nouvelles de la Cour.

On n'y parlait que de la naissance et de l'annonce qu'avait faite le souverain : il avait désigné, comme tuteur du jeune dauphin, Monsieur de Montausier, le vertueux époux de la dame d'honneur de la reine. L'homme avait fort bonne presse, et le petit peuple, dans la joie, louait la sage décision d'un si bon parrainage...

Les véritables raisons de ce choix, Louis-Henry n'avait

pas tardé à les connaître. Dans les salons, on les clamait tout haut. Il était clair que cette nomination couronnait l'entremise de Madame de Montausier dans les amours du roi avec la marquise de Montespan. On se rappelait, avec des frisures dans la voix et des larmes dans les yeux, les fastes de la nuit du 18 juillet, et la beauté de celle qui en avait été la véritable souveraine.

« La Vallière a toujours les apparences, quoique son crédit diminue fort, notait, le 21 août, le marquis de Saint-Maurice. Ce dont elle est dans un cruel désespoir. Elle n'a jamais fait pendant sa faveur une action d'éclat et de pouvoir comme celle que vient de faire Madame de Montespan pour la maison de Montausier. »

Des ragots de taverne, le badinage d'un salon. Le marquis ne pouvait y croire ! Cette fois-ci, les rumeurs avaient la force d'une vérité. Il s'était rué vers l'appartement conjugal de la rue Saint-Nicaise. Françoise-Athénaïs ne s'y trouvait point. On l'informa qu'elle était à la Cour.

Les heures d'attente qui suivirent furent intolérables au marquis. Tantôt il restait prostré sur un fauteuil, certain que la liaison de sa femme et du roi était officielle, tantôt il se redressait. Son sang gascon, son beau tempérament lui dictaient que cela ne pouvait être. La belle marquise, qui portait son nom, qui lui avait donné son corps, sa beauté, et déjà deux enfants, n'avait pu faillir à son devoir. Elle était trop dévote, trop soucieuse des règles de l'Eglise pour avoir commis un pareil péché devant Dieu et une si formidable trahison envers son mari.

Et puis elle était entrée, et d'emblée il avait su. Il y avait dans son regard glacé un air de défi et de résolution qu'il ne lui avait jamais connu, même lorsqu'elle s'amusait à ridiculiser d'un trait quelque courtisan qui n'avait pas eu l'heur de lui plaire. Elle portait surtout, à la taille, les traces de l'adultère. Françoise était enceinte. Et ce ne pouvait être de lui.

Pourtant il se refusait encore à croire ce qu'il voyait. L'amour, sans doute, un certain sens de l'honneur, le farouche désir de ne rien perdre de ses illusions, lui dictaient de ne rien dire. De ne rien voir de plus.

Il s'était redressé, avait fait deux pas en avant et pris Françoise, son épouse, dans ses bras. C'est alors que la marquise l'avait fermement repoussé. Elle n'avait rien à cacher. Devenue la maîtresse officielle et la favorite, enviée, du plus puissant des monarques, elle n'avait plus ni le droit ni le devoir d'appartenir à un autre homme, fût-il son mari.

Louis-Henry avait cru perdre la raison. Qu'en était-il de leurs serments ? De celui — sacré entre tous — qu'ils avaient échangé devant Dieu... La voix blanche, il l'avait interrogée. Elle avait avoué.

La gifle qu'il lui avait assenée, Louis-Henry ne la regrettait toujours pas, ce matin-là, au château de Bonnefont, moins que jamais. Il se rappelait la vilaine couleur qui s'était imprimée sur le teint de porcelaine. L'enflure un peu violette sur la joue. L'éclair de rage et — fugace — de peur qu'il avait lu dans ses yeux, une peur qu'elle avait en un instant domptée.

Sans un mot, un sanglot sec au fond de la gorge, elle avait tourné les talons. Pour courir dans les bras du roi et se plaindre des mauvais traitements infligés par son mari. Pour se réfugier dans les appartements mêmes de celle qui avait été la méchante instigatrice de son malheur : Madame de Montausier.

Dès cet instant, le parti du marquis fut pris. Comment avait-on pu penser qu'il courberait la tête, qu'il se tairait, qu'il s'en accomoderait ? Cet adultère était un scandale et il exigeait que le monde entier le sût. Quant à son nouveau rôle, puisque rôle il y avait, il voulait le choisir seul. Que lui importait la qualité de l'amant. On l'avait bafoué, il serait cocu mais en tous ses états ! Et il clamerait partout son bon droit : celui de la morale conjugale.

Désormais, il n'y eut plus un seul salon dans lequel il n'entrât, l'injure et l'imprécation à la bouche, traitant le roi de voleur et de gredin, et sa femme de catin royale. Il terrorisait les courtisans qu'il prenait à témoin, craintifs de voir leur position à la Cour compromise par les confidences vociférées du marquis. Et dans un sens, il parvenait à son but : désespérer, humilier la marquise qui tremblait de le voir débarquer chez sa protectrice, persuadée qu'il la rouerait de coups, la tuerait peut-être. Car quelle que fût la puissance de son amant, le marquis était dans son droit : il était toujours son mari et disposait d'une prérogative de vie ou de mort sur elle s'il le voulait.

Louis-Henry était allé jusque chez sa parente, la Grande Mademoiselle, la seule qui avait assez de liberté et de position pour rire avec lui des récits qu'il lui faisait de ses scandales.

« Monsieur de Montespan, rapporte-t-elle dans son Journal, qui est un homme fort extravagant mais qui a bien de l'esprit, peu content de sa femme, se déchaînant extrêmement sur l'amitié que l'on disait que le roi avait pour elle, allait par toutes les maisons faire des contes ridicules. Quand il se rendait à Saint-Germain pour y faire de ces prônes, Madame de Montespan était au désespoir. Il venait fort souvent chez moi. Il est mon parent et je le grondais. Il y était venu un soir et m'avait lu une harangue qu'il voulait faire au roi, où il lui citait mille passages de la Sainte Ecriture, David, et, enfin, lui disait force choses pour l'obliger à lui rendre sa femme et à craindre le jugement de Dieu. Je lui dis : " Vous êtes fou. On ne croira jamais que vous avez fait seul cette harangue. Elle tombera sur l'archevêque de Sens, qui est votre oncle et mal avec Madame de Montespan." Cette harangue était admirable.

«Je fus à Saint-Germain, le lendemain. J'avais chaud; j'entrai sur la terrasse qui est devant les fenêtres de la reine et je dis à Madame de Montespan : "Venez vous promener avec moi. J'ai vu votre mari à Paris, qui est plus fou que jamais. Je l'ai fort grondé et lui ai dit que, s'il ne se taisait, il mériterait qu'on le fît enfermer." Elle me dit : "Il est ici qui fait des contes dans ma cour. Je suis si honteuse de voir que mon perroquet et lui amusent la canaille."

«On la vint demander de la part de Madame de Montausier et on lui dit : "Monsieur de Montespan vient de sortir." Elle me quitta. J'entrai un moment chez la reine, qui se retira. J'allai chez Madame de Montausier qui contait à Madame de Montespan l'extravagance que son mari venait de faire. Elle était sur son lit qui tremblait de la colère où elle était, et avec raison. Elle ne pouvait quasi parler. Elle me dit : "Monsieur de Montespan est entré ici comme une furie et m'a dit sa rage de madame sa femme et à moi toutes les insolences imaginables. J'ai loué Dieu qu'il n'y ait eu que mes femmes ici, car si j'avais eu quelqu'un, je crois qu'on l'aurait jeté par les fenêtres." Le roi l'ayant su, on alla le chercher pour l'arrêter, mais il se sauva. Cela fit un bruit épouvantable dans le monde, mais on l'apaisa comme l'on put.»

Saint-Simon, qui rapporte lui aussi la colère du marquis, va plus loin que la Grande Mademoiselle. Et à juste titre, se souvint Louis-Henry, car dans son Journal, sa chère parente avait encore cherché à atténuer le scandale. Le talentueux chroniqueur racontait, à défaut de les avoir vécues puisqu'il était né en 1675, les deux ultimes tentatives du marquis — les plus folles, il le reconnaissait lui-même — pour écarter le roi de sa femme.

Il avait couru les bordels de cette bonne ville de Paris, fort riche en la matière, certain qu'il finirait par s'y gâter, pour gâter à son tour l'infidèle, pariant que lorsque le monarque apprendrait qu'elle était porteuse de cette redoutable petite vérole qui décimait les courtisans, il la fuirait à tout jamais. Et que d'ailleurs s'il ne la fuyait pas, il serait gâté à son tour, ce qui n'était point pour déplaire au mari outragé.

C'est ainsi qu'un soir d'été, il était entré par les fenêtres largement ouvertes de l'appartement de la Montausier, où Françoise se réfugiait toujours dans l'un des salons. Par chance, ce fut elle qu'il rencontra en premier, et presque instantanément. Françoise-Athénaïs était tombée en arrêt devant lui, pâle comme la mort, tremblante de terreur. Elle avait immédiatement compris le sort qu'il lui réservait : Il allait la prendre de force comme elle le méritait. Seulement, hélas, la garce lui avait échappé. En poussant de grands cris, elle avait couru dans les couloirs, ayant sur lui l'avantage d'une excellente connaissance de la topographie des lieux.

Malgré l'heure tardive, ses cris de truie qu'on égorge avaient fini par alerter la valetaille. Et le marquis, encore une fois, n'avait eu que le temps de s'enfuir.

Mademoiselle de Montpensier, présente à la Cour en ces funestes journées, racontait de son côté que ce soir-là, « Madame de Montausier, déjà terriblement secouée par les injures que lui avait portées le marquis, étant dans un passage derrière la chambre de la reine, où l'on met ordinairement un flambeau en plein jour, elle vit une grande femme qui venait droit à elle, et qui, lorsqu'elle en fut proche, disparut à ses yeux, ce qui lui fit une si vive impression dans la tête et une si grande crainte qu'elle en tomba malade ».

Le duc de Saint-Simon évoque lui aussi, dans ses Mémoires, ce fait singulier et mystérieux, mais avec beaucoup plus de détails. Selon lui, « quelque temps après la scène que fit Montespan à Madame de Montausier, cette dame descendant, avec son écuyer et ses gens, un petit degré pour aller de chez elle chez la reine, elle trouva une femme assez mal mise qui l'arrêta, lui fit des reproches sanglants sur Madame de Montespan et lui parla même à l'oreille. Elle empêcha ses gens de la maltraiter et, tout éperdue, remonta chez elle, s'y trouva mal et tomba incontinent dans une maladie de langueur qui lui fit fermer sa porte à tout le monde. On prétendit que sa tête se troublait souvent, et l'on ne sut si cette femme qui lui avait parlé en était une ou un fantôme ».

Louis-Henry, en quittant le donjon de Bonnefont pour rejoindre ses gens et mettre la dernière main à ses préparatifs, riait encore de sa farce. Cette femme mal mise, qui ressemblait à un fantôme et qui avait glissé dans l'oreille de l'entremetteuse des propos sanglants et propres à lui faire craindre la damnation, n'était autre que lui-même. La suite avait dépassé ses espérances. La pauvre femme — il le regrettait maintenant — ne devait pas avoir la tête bien solide. Elle n'avait plus quitté sa chambre que pour s'éloigner de la Cour. De retour chez elle, à Paris, elle se mit à languir et à perdre son sang, tenant au très petit nombre de ses amis qui continuaient de venir la visiter des propos de plus en plus incohérents.

Le 13 avril 1671, la dame d'honneur de la reine s'éteignait à l'âge de soixante-quatre ans. La reine ne lui avait pas trop tenu grief de son rôle dans les amours du roi et de Françoise de Montespan : jusqu'au bout, elle était allée voir la pauvre folle. Ce fut la duchesse de Richelieu qui lui succéda à son poste.

*

Le scandale croissait en proportions et commençait fort d'importuner le roi, qu'une telle publicité auprès de son peuple (qui s'en gaussait), de sa cour (qui voyait en sa patience une culpabilité mal maîtrisée), et de son Eglise (qui ne pouvait que désavouer un adultère devenu trop flagrant), desservait grandement son autorité. Mais il était marié, et la favorite l'était aussi. Il ne pouvait donc qu'espérer que ce fou de Gascon, à défaut d'accepter l'idée « qu'un partage avec Jupiter n'a rien du tout qui déshonore », finirait par se calmer.

Pendant ce temps, dans les salons, les rumeurs allaient bon train. On murmura que le marquis concevait le projet, avec la complicité de Lauzun, d'enlever sa femme et de la conduire en Espagne. Le roi fit doubler la garde devant les appartements de la reine et de la duchesse de Montausier. C'est alors que l'archevêque de Sens, monseigneur de Gondrin, stimulé sans doute par la belle vaillance de son neveu, blâma en pleine chaire la conduite de la marquise. Jusqu'au vieux duc de Mortemart, le père de Françoise, qui commençait de bougonner haut et fort, désavouant les mœurs légères de sa fille. Mais c'est son fils, Vivonne, qui avait toujours été l'ami du marquis, qui s'était battu à ses côtés, et qui ne pouvait ni ne voulait se résoudre à feindre d'ignorer l'infamie de sa sœur qui montra le plus de caractère. Le 1er septembre 1668, il renonça à la survivance de sa charge de premier gentilhomme de la Chambre qu'exerçait son père. Louis XIV ne pouvait laisser s'aggraver ces humeurs. Il lui fallait regagner les Mortemart à sa cause. Et il avait d'excellents et puissants moyens pour le faire.

Le 12 janvier de l'année suivante, à la mort du maréchal

d'Aumont, il allait nommer le duc gouverneur de Paris et de l'Ile-de-France. Le 10 mars, Vivonne se verrait nanti de la charge glorieuse de général des galères, qui dévoluait le commandement des forces navales du roi sur toute la Méditerranée, sans compter les trois cent mille livres qui seraient versées aux Mortemart afin de les aider au règlement d'une partie de leurs dettes. Dès lors, les deux hommes allaient se taire et le marquis serait tout seul dans son camp.

Mais il n'avait pas encore dit son dernier mot. Il savait maintenant qu'il avait perdu Françoise-Athénaïs à tout jamais. Après ces esclandres, leur rencontre lui paraissait un cauchemar. Mais, d'une certaine façon, elle aussi était morte à ses yeux. Du moins, la Françoise de Mortemart qu'il avait aimée.

Il ne lui restait plus qu'à rejoindre ses terres. Ses scandales et ses dangereuses provocations avaient écarté de lui jusqu'à ses créanciers ! A Paris comme à la Cour, son influence s'était évanouie. Mais il voulait encore s'offrir un départ de seigneur. Celui d'un homme qui ne se rend pas !

Deux jours donc à peine après son intrusion nocturne chez Madame de Montausier, il était revenu vers Saint-Germain où personne ne pouvait penser qu'il aurait le toupet de réapparaître. Il voulait prendre congé du roi. Il s'était donc, comme le racontera Voltaire, drapé de pied en cap de crêpe noir. Il avait remplacé les plumets de son carrosse, alors à la mode, par des bois de cerf et fait atteler des chevaux du plus bel ébène à sa voiture.

Son apparition dans les grands salons de Saint-Germain fut accueillie par un silence insondable, celui des courtisans qui attendaient le roi à la sortie du conseil. Imperturbable, le marquis s'était planté au milieu d'eux, le visage glacial, la main sur le pommeau d'or de sa canne.

Lorsque le roi était apparu, tous les regards s'étaient

posés sur son visage. On redoutait le pire. Mais Louis XIV était resté de glace. Un léger sourire, un peu contraint, avait même éclairé le royal visage.

— Pourquoi tout ce noir, monsieur? avait-il demandé.

— Sire, je porte le deuil de ma femme.

— Le deuil de votre femme? avait encore interrogé Louis XIV, d'une voix tranchante comme une lame.

— Oui, sire. Elle est morte pour moi, et je ne la verrai plus.

Après quoi le marquis s'était incliné, composant une figure plus proche de la pirouette que de la révérence et, devant la Cour médusée, il avait tourné le dos au roi et disparut dans le seul bruit décroissant de ses talons sur les parquets cirés.

Cette fois-ci, le bouillant Gascon avait dépassé les bornes. L'insulte s'était adressée directement au roi, et en public. Louis XIV ne pouvait tolérer ce qu'il considérait comme un crime de lèse-majesté. Il n'était plus question, désormais, d'être patient, encore moins magnanime.

A peine l'incroyable équipage avait-il disparu sur la route de Paris que le roi, persuadé maintenant qu'il avait affaire à un fou incontrôlable, ordonnait que l'on s'emparât de lui. Le 20 septembre, sur ordre royal, le marquis, encadré d'hommes d'armes, prit le chemin de Fort-l'Evêque.

Plein d'entrain, il y convoqua séance tenante les deux notaires du Châtelet devant lesquels il avait jadis signé une procuration au nom de sa femme. Il les pria d'enregistrer un acte pour qu'on lui fît une avance de six mille livres destinées à s'acquitter de ses frais d'incarcération et à payer son tailleur. Et puis, amer mais plein de morgue, il se mit à tuer le temps en chantant à tue-tête les derniers couplets qui narraient au peuple les amours de celui qui le gouvernait.

Le premier souci du roi, dès qu'il fut averti de l'incarcération du marquis, fut d'éloigner Madame de Montespan. De plus en plus enceinte, marquée par le scandale de son mari, au point, écrit Madame de Caylus, « que sa beauté s'en ressentit. Elle devint maigre, jaune et si changée qu'on ne la reconnaît pas », sa seule consolation, pour cacher cette grossesse qui trahissait aux yeux de tous une relation par trop officielle et adultérine, fut de lancer une nouvelle mode empruntée aux hommes, dont elle portait les chemises larges et bouffantes qui plissaient au-dessus du ventre.

Il fallait aussi lui faire quitter Paris, où le peuple prenait fait et cause pour les extravagances du marquis, enchanté de savoir que ce cocu ne courbait pas la tête si aisément, applaudissant à tout rompre au récit de ses frasques, que la verve des conteurs exagérait encore.

« Madame de Montespan, avait même relaté Madame Dunoyer dans ses *Lettres historiques et galantes*, après avoir été déclarée maîtresse du roi, fut un matin faire des emplettes au Palais et, ne voulant pas qu'on mît dans son carrosse ce qu'elle avait acheté, elle chargea la marchande de lui faire apporter chez elle, et, de peur de quiproquo, elle lui demanda si elle la connaissait bien : "Oui, vraiment, madame, lui répondit la petite marchande, j'ai bien l'honneur de vous connaître, n'est-ce pas vous qui avez acheté la charge de Mademoiselle de La Vallière ? " »

Et la Princesse Palatine de surenchérir :

« Madame de Montespan assistait une fois à une revue ; quand elle fut auprès des soldats allemands, ils se mirent à crier : "*Königs Hure, Hure* (Voici la putain, la putain du roi !)" Le soir, le roi lui demanda comment elle avait trouvé la revue ; elle répondit : "Parfaitement belle ; je trouve seulement que les Allemands sont trop naïfs d'appeler toutes les choses par leur nom, car je me suis fait expliquer ce que signifiait ce qu'ils criaient."»

La Cour se déplaça à Chambord, où s'ouvrait la saison des grandes chasses. Une fois la marquise en sécurité, le roi ordonna la relaxation du fougueux marquis, et puis, tout de même, son exil.

«De par le Roy,

«Sa Majesté étant mal satisfaite de la conduite du sieur marquis de Montespan, ordonne au chevalier du guet de la ville de Paris qu'incontinent, après qu'en vertu de l'ordre de Sa Majesté qui en a été expédié, ledit sieur marquis aura été mis en liberté des prisons de Fort-l'Evêque où il a été détenu, il lui fasse commandement, de la part de Sa Majesté, de sortir de Paris dans les vingt-quatre heures pour se rendre incessamment dans une des terres appartenant au sieur marquis d'Antin, son père, située en Guyenne, et y demeurer jusqu'à nouvel ordre, Sa Majesté lui défendant d'en sortir sans sa permission expresse, à peine de désobéissance. Et ordonne, Sa Majesté, à tous ses officiers et sujets de prêter main forte.»

Le marquis n'en demandait pas plus. Il était rentré sur ses terres, avec son fils. Avait donné ses ordres. Et maintenant, il lui restait à poser le point final à sa funeste aventure conjugale.

Quand il sortit, ce matin-là, dans la cour de son château de Bonnefont, foulant les terres de «ce pays de rocaille et de soleil où les têtes s'échauffent rapidement, où l'on retrousse sa moustache, où l'on brandit les colichemardes», tous l'attendaient, comme il en était convenu, pour la cérémonie.

*

Louis-Henry avait en effet ordonné, à son arrivée, la veille, de convoquer le ban et l'arrière-ban de ses parents et amis, pour leur annoncer la disparition de la marquise et les prier d'assister à son enterrement en la chapelle du château.

A sa demande, sa mère, Chrestienne de Zamet, avait vêtu de noir les deux enfants, Marie-Christine, l'aînée, et le jeune Louis-Antoine, à peine âgé de deux années. Pendant la nuit, à la lueur des flambeaux, ses gens avaient redonné à la voiture une allure plus digne pour la circonstance. On avait arraché le crêpe dont il avait fait draper le carrosse à son départ de Paris et on l'avait remplacé par un tissu neuf. Les bois de cerf jusque-là en berne avaient été redressés. Des ramures peintes sur les portières. Enfin, on avait placé un cercueil vide dans la voiture.

Lentement, vers onze heures, le carrosse, tiré par les quatre chevaux noirs coiffés d'un plumet de même couleur, s'était ébranlé en direction de la chapelle. Louis-Henry qui tenait ses enfants par l'épaule, suivait derrière, le chapeau à la main. Dans ses pas, la cohorte de ses amis, de ses relations, de ses gens marchait en silence, déconcertée par le spectacle tragique d'une douleur que l'orgueil exposait ! Parfois un rire d'enfant s'échappait, vite étouffé par le son du glas qui sonnait lugubrement sur toute la sénéchaussée. Dans la chapelle, le marquis trahi écouta religieusement la messe solennelle qu'il avait demandée pour le repos de l'âme de Françoise-Athénaïs.

Il éprouvait tout à la fois un absolu désarroi et une joie intense : tous les consuls des villes proches dépendant de sa seigneurie avaient répondu à son invitation. Ils étaient là, revêtus, selon l'usage, de la livrée officielle et portant un cierge de cire blanche, gravé à ses armes, et pesant un poids de quatre livres... Autant de témoins, se disait Montespan, de son honneur perdu mais, au-delà, du manque d'honneur du roi !

Pendant un mois, on porta le deuil de la marquise, des rives de la Baïse à la bonne ville de Trie.

Mais sur ordre de Sa Majesté, Louvois tenait l'extravagant marquis à l'œil. Et l'affaire de l'enterrement parvint vite à Chambord où la Cour vivait les derniers jours de l'automne et les premières grandes chasses que l'on suivait depuis les toits. Elle y fit encore grand bruit, et cette nouvelle et macabre lubie ne fit rien pour rassurer la marquise.

IX

Le deuil sied au marquis

C'est donc en grand habit de deuil que le marquis prit le parti d'agencer sa vie sur celle de son fief. Une vie toute provinciale, réglée par la course du soleil. Après avoir exhibé la voiture noire chargée du cercueil vide de sa femme sur toutes ses terres, Bonnefont, Clarens, Bonrepos, Sariguzan, Saveilhan, Bernadets, Rabastens, Miélan, Antin, Lauriac, Crouly, Labarte et Ousbelile, il commença de se calmer un peu.

Henry Petit, son maître d'hôtel, prenait soin de répondre à tous ses désirs et supervisait, avec la pieuse Chrestienne de Zamet, les charges domestiques. Bernard Dumenos, son receveur-intendant, continuait de tenir ses livres et percevait les fermages, sous le contrôle scrupuleux de Bernard du Nonné, « intendant des affaires de monseigneur le marquis de Montespan ». Depuis son retour, le marquis n'avait donné qu'un seul ordre : il avait prié Jean Sannabel, le concierge du château, de garder désormais la grande porte fermée, trop basse pour qu'y passent ses cornes. L'homme, simple et respectueux, avait obéi scrupuleusement.

Ses amis et voisins, les seigneurs de Gramont et de Biron, avaient tout naturellement pris l'habitude de passer par les communs lorsqu'ils lui rendaient visite pour l'accompagner dans ses battues. Les contreforts des Pyrénées, qui dominaient le donjon de Bonnefont, coiffés d'épaisses forêts de chêne, abondaient en loups et sangliers du Néboussan. Il lui arrivait même de grimper jusqu'aux cols pour y poursuivre les ours et les izards. Patiemment, dignement, Louis-Henry tentait d'oublier son chagrin et son déshonneur dans d'interminables chevauchées ou dans l'inspection scrupuleuse de ses palombières.

Puis vint l'hiver 1668-1669. Dans la chapelle de son château, il écoutait le vieux prêtre, Antoine d'Estival, dire la messe tous les matins, avant que d'aller la chanter au village, en l'église de Saint-Félix. Puis il passait embrasser ses enfants. Marie-Christine, qui avait cinq ans maintenant et dont l'éducation était laissée à sa grand-mère, et Louis-Antoine, son frère.

La première préoccupation de Louis-Henry, en cette fin de l'an de grâce 1668, avait été de nommer Antoine Anselme, qui était un très célèbre prédicateur originaire de l'Ile-en-Jourdain, précepteur de son fils. Le marquis avait eu connaissance des craintes de sa femme, quand il lui avait annoncé sa volonté de le prendre avec lui et de pourvoir à son éducation. Bien qu'elle n'eût ni la volonté ni la liberté de s'occuper elle-même d'élever le jeune marquis, elle avait opposé qu'un tel père, si riche en frasques, en dettes et en funestes fantaisies, ne pouvait que lui apprendre « seulement à bien monter un cheval indompté, à chasser le lièvre, la perdrix et la grosse bête, à parler haut, à mettre de gros mots dans ses paroles, à parler de généalogie sans connaître l'Histoire ni le blason, à mépriser sa mère et probablement à la haïr ».

Les craintes sarcastiques de la marquise ne reposaient sur rien. Après le pastiche des funérailles, le marquis n'avait jamais prononcé le nom de Françoise devant ses enfants. Ni en bien ni en mal. Ce fut par les domestiques que l'enfant apprit, plus tard, les raisons de l'exil de son père et le rôle de sa mère à la Cour. Loin de la haïr, il dira qu'il y avait « pensé de bonne heure et même pendant que j'étais en Guyenne, dans notre château de Bonnefont. Il n'est pas possible que des domestiques, surtout des femmes, ne parlent entre eux de choses aussi marquées que l'aventure de ma mère. Comme elles comptaient que j'en profiterais, et par conséquent, qu'elles en auraient leur part, elles me parlaient toujours à l'insu de mon père du roi, de la Cour, des grands biens et fortunes qui m'y attendaient. Je me laissais aller à l'amour des grandeurs. Le penser m'en parut doux. J'y rêvais seul quelquefois et faisais, avec mes femmes, mille châteaux en Espagne ».

« Mon père, écrira-t-il encore dans ses Mémoires, me mena en Guyenne à l'âge de deux ans, dans son château de Bonnefont, où il me fit élever avec grand soin. »

Décembre, puis janvier et février passèrent ainsi. En janvier, on enterra le bon curé, Antoine d'Estival. Jacques de Darré, dit de Sarraméa, troisième fils des neuf enfants de Bernard de Darré, seigneur du petit fief de Sarraméa, situé dans la commune de Péré, fut nommé par l'archevêque d'Auch à la cure de Bonnefont. Louis-Henry avait lui-même veillé à cette promotion. De tout temps, les Darré avaient été les gentilshommes domestiques des Montespan. Et il s'était établi entre le manoir de Bonrepaux et le château de Bonnefont, situés à deux lieues seulement l'un de l'autre, de véritables relations d'amitié et de respect.

Le marquis avait d'ailleurs pris sous sa protection l'un

des neveux du nouveau curé, François de Sarraméa. Celui-là même qui servira plus tard comme sous-lieutenant dans le régiment de Languedoc, que commandera un jour le marquis d'Antin.

C'était par les amis ou au hasard des visites de quelques pèlerins que les nouvelles de la Cour arrivaient jusqu'au marquis de Montespan. C'est ainsi que Louis-Henry apprit le changement de domicile de Françoise-Athénaïs. Elle s'était installée rue de l'Echelle, à côté du Louvre et des Tuileries, dans une maison qu'elle avait fait somptueusement décorer, et où elle pourrait accoucher, discrètement, du premier enfant du roi.

Le marquis de Montespan trouvait maintenant quelque consolation à son ennui et à son chagrin en écoutant ses informateurs lui relater la nouvelle vie de son épouse, remplie d'anecdotes qui le plongeaient dans un mépris salvateur. Il faut dire que Françoise y montrait plus de geignements que de dignité ou de piété.

C'est qu'elle parvenait mal, après avoir éliminé son trop encombrant mari, à se débarrasser de l'autre favorite, Louise de La Vallière. Celle-ci, soit par faiblesse, soit par désarroi, refusait de s'éclipser de la vie du roi. Un tel comportement ne finissait pas d'étonner et de susciter les commentaires. Louise avait toujours fait montre d'une parfaite discrétion dans sa relation amoureuse, au point d'attirer sur elle l'amitié même de la malheureuse reine Marie-Thérèse.

Louis-Henry avait eu vent de la situation en la découvrant dans le récit qu'en faisait le chevalier d'Arvieux, de retour d'une mission en Orient, tout étonné que le monarque pût dîner entre la La Vallière et la Montespan. De la même façon, l'abbé de Maucroix s'amusait au spectacle du départ pour une chasse qui s'ouvrait à Fontainebleau.

« Nous vîmes Madame de La Vallière monter la première en calèche, le roi ensuite, et enfin Madame de Montespan, tous trois sur un même siège. Madame de La Vallière me parut fort jolie, avec plus d'embonpoint qu'on ne me l'avait figurée. Je trouvai Madame de Montespan fort belle. »

C'est que le roi n'aimait pas rompre. Avait-il une maîtresse... Quels que soient sa fougue et son empressement, il n'en regagnait pas moins, chaque nuit, le lit de la reine. S'il imposait Mademoiselle de La Vallière à Madame de Montespan, plus tard, il imposerait Madame de Montespan à Mademoiselle de Fontanges, puis un peu plus tard encore à Madame de Maintenon.

« C'était, chez le roi, un goût de la nature contre lequel il ne luttait pas, écrit Madame Clemenceau-Jacquemaire, dans son étude sur *la Vie sensible de Louis XIV*. Il était bigame par tempérament, ou plutôt polygame, car ce serait une erreur de ne pas faire, dans l'ordre voulu, une place à la reine dont il venait ponctuellement, mais à des heures parfois plus tardives, partager le lit tous les soirs. »

Ainsi, Françoise-Athénaïs, la belle persifleuse, la capricieuse, elle qui avait toujours su tenir à distance les courtisans d'un bon mot ou d'un éclat de rire, devait composer avec deux autres femmes qui se partageaient les égards de son amant. Par ambition, par calcul, elle avait relégué sa vie au rang de l'une de ces captives enlevées par les pirates barbaresques et livrées, au milieu d'autres, dans un harem, au bon vouloir d'un maître volage.

Le ridicule de la situation alimentait les propos de salon. On se rappelait à l'envi, chez le maréchal d'Albret, la teneur de l'acte signé le 1er février 1669 devant Maître Chopin, notaire à Paris, dans lequel ces dames concluaient avec Jean Marot, architecte du roi, « un marché de quatre mille livres pour faire construire quatre grottes de rocaille, savoir deux pour ladite dame duchesse de La Vallière et deux pour Madame de Montespan, le tout en leurs appartements au château vieil de Saint-Germain-en-Laye».

Car ce que le roi faisait pour l'une, il l'octroyait pareillement à l'autre. Et les crises de jalousie éclataient comme autant d'orages. «Le roi n'est point de ces gens à rendre heureux ceux qu'il veut le mieux traiter, écrivait Henriette d'Angleterre, femme de Monsieur, à Madame de Saint-Chaumont. Ses maîtresses, à ce que nous voyons, ont plus de trois dégoûts par semaine.» Mais ce que le roi n'accordait pas quand il s'agissait de son ancienne favorite, il le cédait à Françoise dont il réglait les différends.

Depuis le scandale de Saint-Germain, la trop belle marquise était en proie aux sarcasmes de Lauzun, cousin de son mari, et qui, murmurait-on, aurait su gagner les faveurs de la marquise avant le roi. Le bruit avait couru que le duc, fort en gueule, avait prêté son concours à Louis-Henry dans l'extravagant projet de l'enlèvement. L'intrépide Gascon avait irrémédiablement pris le parti du mari bafoué, et Françoise supportait mal les piques et les railleries dont il l'accablait. On murmurait encore que la marquise avait demandé au roi son exil. De vilains bruits qui étaient amplement fondés.

Il convient de savoir que dans le domaine de l'insolence le marquis de Montespan était largement égalé, sinon dépassé, par son compatriote et ami Lauzun.

Spécialiste ès scandales et provocations de toutes sortes, ce dernier ne vivait alors que pour son éventuel mariage avec la très riche héritière de la maison des Montpensier : Anne-Marie-Louise d'Orléans, dit la Grande Mademoiselle. Elle-même fort remuante, longtemps interdite à la Cour pour avoir frondé avec enthousiasme et fait tirer le canon contre son cousin le roi Louis XIV.

Rentrée en grâce dans les années 1657-1658 — elle avait alors trente et un ans —, elle s'était éprise à en perdre la tête de l'impertinent Antonin-Nompar de Caumont, marquis de Péguilin, comte puis plus tard duc de Lauzun.

Et pourtant... l'irrésistible séducteur était petit, sec, la chevelure blonde parsemée d'éclairs blancs « coiffée en pétard », le visage pointu, le nez rouge et couperosé mais l'œil bleu lin et quelque chose dans le sourire et la fougue qui précipitait les femmes dans ses bras. Elles l'adoraient et se l'arrachaient comme nous le laisse penser la comtesse de Guiches qui conjurait la Grande Mademoiselle, un jour qu'elles étaient dans l'appartement de la reine à Saint-Germain-en-Laye, de ne point abréger son entretien avec Lauzun : « Vous l'aurez quand il vous plaira, mais pour moi, pendant que je le tiens, je vous supplie de me le laisser. » Ce à quoi, toujours effronté, Lauzun avait répliqué à l'adresse de sa « fiancée » : « Dans un moment ce sera fait ! » Le moment durait depuis un an et huit mois lorsque le 15 novembre 1671, l'esclandre qui allait lui être fatal avait éclaté.

Ce jour-là, Lauzun, excédé d'apprendre par un biais détourné que la divine Athénaïs l'avait encore une fois trahi dans ses espérances, s'était jeté sur elle après qu'elle se fut éloignée de son royal amant au sortir de la chapelle du château de Saint-Germain. Contrainte, la marquise l'avait entraîné dans ses appartements mais lorsqu'elle lui avait déclaré faussement compatissante : « J'ai fait ce que j'ai pu pour obtenir votre mariage avec Mademoiselle de Montpensier, mais le roi ne l'a pas voulu... », Lauzun, perdant tout son contrôle, s'était mis à hurler : « Vous en avez menti, bougresse de pute, car vous avez dit au roi qu'il pouvait révoquer sa parole pour l'honneur de sa maison, et je le sais de bonne part car je fais dépenses en espions. »

La marquise pleurait toujours lorsque le roi l'avait

rejointe après la messe et c'est entre deux sanglots qu'elle lui avait avoué que Lauzun venait de la traiter de « bougresse de pute » ! Dix jours plus tard il était arrêté puis conduit par le capitaine de mousquetaires d'Artagnan — un autre Gascon — derrière les hauts murs de la citadelle de Pignerol, une place forte que Louis XIV détenait en Italie et dans laquelle Fouquet se morfondait depuis dix ans déjà.

Fort de cet exemple, Louis-Henry réfléchissait durant les longues soirées hivernales à l'influence de Françoise-Athénaïs. Pouvait-il se dégager de ses terres ? Il savait que s'il quittait, sans permission, sa résidence forcée de Bonnefont, il encourait la plus sévère des sanctions : la mort. Mais l'ennui commençait à le tarauder. Il n'avait que trente ans et sa jeunesse lui montait à la tête.

Le retour du printemps ne lui apporta pas de meilleures nouvelles. Son père, Hector-Roger, marquis d'Antin, qui était malade, avait quitté ce monde à Paris en plein cœur d'avril. Séparé de corps et de biens depuis 1656 de Chrestienne de Zamet, à la propre demande de celle-ci que les folies dispendieuses de cet époux avaient effrayée, il ne laissait à son fils que des dettes, comme le prouvèrent les inventaires que demanda Louis-Henry, au vu desquels il renonça à la succession.

Ces affaires réglées, il prit brusquement son parti : Le Tellier, aidé dans sa tâche par son fils, le marquis de Louvois, continuait sa réorganisation de l'armée. Et elle allait dans le sens de l'ordonnance du 20 juillet 1660 qui établissait les règles d'organisation et de paiement des troupes réglées. La sienne n'avait pas été dissoute. Il en était toujours, comble d'ironie, par ordre du roi et de Louvois, le capitaine. Rien donc ne l'empêchait de continuer d'exercer ses fonctions militaires. De plus, sa compagnie, qui venait de passer quelques mois à Millas, était revenue à Ille-sur-Têt.

L'odeur de sarments brûlés qui montait par-delà le mur d'enceinte de la petite ville, le son un peu fêlé de la cloche de l'église en marbre rouge, la silhouette du vieux donjon féodal des seigneurs de Fonolet lui manquaient. Comme lui manquaient encore la prosmiscuité des campements et l'odeur de la poudre.

En l'absence de leur capitaine, ses hommes étaient commandés par « Monsieur Richamun brigadié ». Il était temps pour l'aristocrate de prendre ses responsabilités.

Ce fut l'exemple de son oncle, l'archevêque de Sens, qui lui fit franchir le pas. On racontait que le fantasque personnage, croisant sa nièce, l'avait giflée devant les courtisans, pour lui rappeler ses devoirs envers son mari et stigmatiser le péché dans lequel elle vivait.

Non content de ce coup d'éclat, l'archevêque s'était lancé, avec emphase et conviction, dans la condamnation en chaire du double adultère du roi et de la marquise de Montespan.

Louis XIV, qui se voulait Louis le Très-Chrétien, extrêmement irrité par ce procédé, et piqué dans sa dévotion, lui avait ordonné de quitter Paris et de regagner son diocèse, avec défense expresse d'en sortir. Mais, contrairement à son neveu, Son Excellence Monseigneur de Gondrin n'avait tenu aucun compte de l'injonction.

Bravant les foudres royales, Monseigneur s'était rendu à Fontainebleau, qui ressortissait de son autorité ecclésiastique et où la Cour se trouvait, pour donner solennellement la confirmation dans la cour paroissiale.

Fou de rage, mais dissimulant comme toujours ses états d'âme, le roi avait menacé l'archevêque d'une impitoyable sanction. Monseigneur de Gondrin, sans s'émouvoir le moins du monde, avait brandi le spectre de l'excommunication. Dépassé, le souverain avait choisi en fin de compte d'ignorer l'hurluberlu dont les imprécations, faute d'être entendues, avaient fini par s'apaiser...

Le roi aussi, songeait Montespan, avait dû se calmer. Et puis, au diable les sanctions ! Il fallait reprendre le chemin de la guerre, qui était peut-être celui de la gloire...

Le marquis embrassa sa mère et ses enfants, fit son sac et piqua des deux vers la Catalogue.

*

Le 31 mai 1669, les consuls apprirent avec surprise que le brigadier Richamun voulait faire couper les herbes de gras pour les donner aux chevaux. Les officiers municipaux lui fournirent immédiatement le fourrage. Ils ignoraient encore que le brigadier agissait sur ordre du marquis, dont il avait reçu un courrier. Le messager annonçait la reprise des fonctions du capitaine.

Le surlendemain, devant une population ébahie et sous les ovations de ses hommes, Louis-Henry entrait dans la ville.

Pendant quelques jours, le marquis de Montespan resta sur ses gardes. A tout moment, il s'attendait à voir surgir les officiers du roi, mandés par le monarque ou par Louvois. Mais rien de tel n'eut lieu.

« Toutefois, comme l'écrit Saint-Simon, l'œil de Louvois restait fixé sur lui, non plus avec les intentions bienveillantes qui l'accompagnaient deux ans plus tôt, mais avec une défiance qui se doublait d'un vif désir de saisir la première occasion propice pour mettre définitivement en lieu sûr ce mari quinteux et incommode. »

Une occasion que l'on n'eut pas même le temps de provoquer. Montespan « fit rencontre d'une autre fille aussi de vile et basse condition », qui demeurait à Ille, chez sa mère, remariée. Au premier regard, il s'en amouracha.

Elle était brune, pulpeuse, alléchante en diable, et Louis-Henry, pour s'octroyer ses bonnes grâces et gagner du temps, pensait-il, lui offrit de l'argent par l'entremise d'un messager. Mais la jeune Catalane était vertueuse. Elle refusa tout : l'argent, la vanité de tourner la tête à un cavalier de si noble naissance, les mots d'esprit et les tentatives de séduction.

Louis-Henry eut beau passer et repasser sous ses fenêtres, user de tous les artifices de l'amour, faire toutes les promesses du monde, la jeune fille l'ignora. Le marquis tira les conclusions de ce premier échec. Si la belle le dédaignait, si elle lui résistait, c'est que sa mère veillait par trop au grain. Il fallait donc l'écarter de ce chaperon ombrageux et jaloux. Usant avec cynisme de tous ses privilèges et de tous ses crédits, le marquis fit donner ordre à la matrone d'envoyer sa fille en place, chez le bayle d'Ille, où logeait déjà l'un des cavaliers de sa compagnie.

Ce bougre avait une mission bien définie : « obliger par crainte ladite fille et ses parents à consentir aux désirs du marquis ». Les parents n'entendaient pas la chose de cette oreille. Ils firent si bien, pleurèrent tant, et si haut, qu'ils obtinrent de ramener leur fille chez eux. Ce fut l'occasion pour Louis-Henry qui voyait ses projets déjoués, d'entrer dans l'une de ses légendaires colères.

Il se mit à parcourir les rues d'Ille en proférant des paroles extravagantes, vouant les parents de la jeune fille aux pires extrémités, crachant des menaces sanglantes, oubliant dans son désir contrarié la précarité de sa situation. Le bayle et les consuls se crurent donc obligés d'intervenir.

Au petit matin, ils se présentèrent au domicile de la

belle et supplièrent ses parents de la mettre en sûreté dans un couvent. Le hasard faisait bien les choses. Ce jour-là, Louis-Henry et la plus grande partie de sa compagnie avaient quitté la ville pour des manœuvres. On enveloppa la pauvre fille dans une vieille couverture et on l'entraîna dans la direction de Vinça, sur une route qui passait non loin du couvent de Notre-Dame-du-Remède, où là, ils en étaient sûrs, elle serait en sécurité, bien gardée par les quinze moines qui relevaient de l'archevêché de Narbonne, province franciscaine dite de Saint-Louis.

Le couvent était protégé par de hauts murs, témoins d'un passé de pillages et de maladreries. Il avait été rattaché en 1462 par le pape Pie II à la grande famille des Franciscains de la Régulière Observance. Mais, au XVIe siècle, alors que le Roussillon était constamment exposé aux horreurs de la guerre, le couvent avait été pris et repris, pillé, brûlé, puis rebâti en une bonne forteresse, aux frais de Philippe II, roi d'Espagne. Les murs étaient hauts. L'abri, pensait la petite troupe, imprenable.

Comme cela arrive parfois, la chance n'était pas du côté de la vertu. Sur la route, le groupe de fuyards eut la mauvaise fortune de rencontrer Cartet, le maréchal des logis, l'âme damnée du marquis de Montespan, qui s'était déjà tristement illustré dans l'affaire de la bastonnade du sous-bayle de Perpignan.

Cartet comprit immédiatement les intentions des parents. Il piqua des deux et tenta d'arracher la belle aux bras de ses protecteurs pour la ramener, comme une prise de guerre, aux pieds de son valeureux capitaine. Mais il était seul contre quatorze et ne parvint pas à bout de son entreprise.

Il courut aussitôt à Ille chercher du renfort. Les fugitifs profitèrent de ce répit pour demander protection aux moines qui se hâtèrent de faire entrer la mère et la fille et de barricader les portes. Le père et son escorte, rassérénés, rentrèrent au village. S'ils ne doutaient pas un instant des mauvaises intentions de Cartet, ils ne songèrent pas davantage que l'homme et ses acolytes pourraient avoir le front de violer un lieu sacré, la demeure de Dieu.

Ce qu'ils firent pourtant, sans la moindre vergogne. Mais les murs étaient élevés et les moines, armés de piques et de fourches, repoussèrent cette bande de soldats enragés. Les religieux firent si bien que les assaillants durent lever le siège et rentrer au village, bredouilles et furieux.

Jusque-là, on ne tint pas le marquis de Montespan, absent des lieux de l'échauffourée, pour responsable des incartades de ses hommes. La chose était habituelle et les paysans et villageois souvent résignés à la subir. Mais lorsque Louis-Henry rentra à Ille, quelques jours plus tard, et qu'on l'informa de l'affaire, le capitaine vit rouge. Non contre ses hommes, comme l'on s'y attendait, mais contre cette opposition hostile et farouche à l'accomplissement de ses désirs.

A son tour, il piqua des deux vers le couvent, frappa à la porte, et encore une fois, s'emporta violemment contre le supérieur et les religieux, les menaçant de faire jeter bas les murs d'enceinte du bâtiment. Les pères sourirent des propos, mais l'incident déchaîna l'hostilité de la soldatesque contre les villageois.

Dès lors, le moindre prétexte : un regard soi-disant provocant, une parole mal interprétée, fut suffisant pour déclencher des algarades entre les chevau-légers et les habitants d'Ille. Un jour, Cartet se prit de querelle avec son logeur; aussitôt, ses acolytes se joignirent à lui et ils maltraitèrent si fort ce brave homme qu'un voisin, un certain Calès, accourut à son aide. Mal lui en prit.

Montespan et d'Espalion, son lieutenant, le poursuivirent jusqu'à sa maison, l'injure et la menace à la bouche...

L'affaire était trop belle pour Louvois. Il tenait enfin l'occasion de se débarrasser de l'encombrant mari, et par là, de plaire au roi et à la favorite.

Le 21 septembre 1669, Louvois expédiait à l'intendant du Roussillon, Macqueron, une lettre vitupérante, dans laquelle il lui reprochait vertement de ne l'avoir pas informé plus tôt de ces incidents :

« J'ai reçu avec votre lettre du VIIe de ce mois celle qui y était jointe sans nom. Je ne vous saurais bien expliquer combien j'ai été surpris qu'une chose de la nature de celle qu'a faite Monsieur de Montespan se soit passée sans que j'en aie connaissance. Et bien que nous n'ayez pas pu vous empêcher d'avoir de la complaisance pour celui qui commandait dans le pays, elle n'aurait jamais dû aller à vous dispenser de me donner avis d'une affaire comme celle-là, tant pour l'éclat qu'elle a fait que pour la personne qui l'a commise, je ne laisse pas de vous savoir gré de me l'avoir avouée et que je connais bien que le désir que vous avez eu de me donner les moyens de venir à bout de ce que je vous ai mandé que j'avais envie de faire, vous a fait exposer volontiers à la réprimande que vous méritez.

« Je vous adresse une dépêche du roi pour le Conseil souverain du Roussillon par laquelle Sa Majesté lui ordonne d'informer des faits mentionnés dans la lettre qui m'a été adressée non signée et de faire punir suivant les ordonnances.

« Cette dépêche est accompagnée d'une de moi aux officiers dudit Conseil par laquelle je leur témoigne la surprise où le roi a été qu'une affaire de cette nature soit demeurée impunie, et je leur dis qu'ils ne peuvent mieux faire voir à Sa Majesté qu'elle n'est pas venue à leur connaissance qu'en faisant un exemple sévère des coupables. Je vous envoie, mais dans un autre paquet, une lettre du roi pour vous et pour les avocats généraux dudit Conseil pour vous ordonner de faire les réquisitions nécessaires et de tenir la main à ce que la justice soit rendue. C'est à vous à voir si vous ou l'un des dits avocats généraux rendez la lettre audit Conseil souverain ou si vous la lui ferez rendre par l'officier de la poste, comme si elle leur avait été adressée à droiture.

« De quelque manière que vous en usiez, il ne faut rien oublier, soit, pour dans les informations du sous-bayle de Perpignan, soit dans celles des désordres commis à Ille, d'impliquer le commandant de la compagnie et le plus grand nombre de cavaliers qu'il se pourra afin qu'ils prennent l'épouvante et que la plupart déserte, et particulièrement le commandant, après quoi ce ne serait pas une affaire que d'achever de rejoindre cette compagnie. Si vous savez le nom des cavaliers qui ont insulté le sous-bayle, il les faut arrêter dès le premier jour afin d'en faire un exemple, et que par leur déposition, lors de leur exécution, vous ayez davantage de preuves et de charges contre le capitaine pour tâcher, de façon ou d'autre, de l'impliquer de manière, dans les informations, que l'on puisse les casser avec apparence de justice.

« Si vous pouvez faire en sorte qu'il pût être chargé pour que le Conseil souverain eût matière de prononcer quelque condamnation encore lui, ce serait une fort bonne chose. Vous en devinez assez les raisons, pour peu que vous soyez informé de ce qui se passe en ce pays-ci.

« Je vous prie de ne rien oublier pour faire réussir ce que je puis désirer en cette occasion, et de m'en donner des nouvelles tous les ordinaires par une lettre à part écrite de votre main et de me renvoyer celle-ci. »

On ne pouvait être plus clair. Il fallait charger le

marquis de Montespan de tous les torts imaginables, quitte à les inventer, quitte à en extorquer les prétendues preuves, par la menace, aux hommes de la compagnie. Louvois voulait briser le bouillant Gascon. Avec une obstination et une aridité de plumassier, il recommandait qu'on rassemblât toutes les preuves possibles pour parvenir à son but, tout en veillant à ce que sa perfidie ne demeurât point dans les archives.

Hélas pour lui, Macqueron, s'il retourna bien l'épître, comme il le nota en soulignant que « l'original de cette lettre a été renvoyé de Perpignan à Monsieur le Marquis de Louvois le 2e 8bre 1669 », il ne manqua pas dans le même temps de la transcrire sur le registre de correspondance conservé aux Archives départementales. Voulait-il, ce faisant, dégager sa responsabilité dans cette odieuse affaire en laissant à la postérité des preuves de l'intervention du ministre et du roi ?...

A l'évidence, les incartades d'Ille ne devaient pas être aussi graves que le procès-verbal voulût bien le dresser, sinon, comment expliquer l'amalgame qui sera fait dans cet acte d'accusation, entre les événements de Perpignan datant de 1667, pour lesquels le marquis et ses hommes avaient été relaxés, et ceux d'Ille qui les condamnaient ? Pourtant, l'ordre était clair. Il fallait, à tout prix, charger le commandant de la compagnie... L'affaire ressemblait fort à un piège.

Pendant ce temps, sa colère passée, et son désir insatisfait éteint dans la tourmente, Louis-Henry ne devinait rien de ce qui se tramait dans les mêmes heures à Chambord.

Comment l'aurait-il pu ? En effet, ni les parents de la jeune Catalane, ni les religieux du couvent, ni même le sous-bayle d'Ille n'avaient porté plainte contre les coups de sang et les exactions du marquis et de sa soldatesque.

Les registres du greffe du Conseil souverain de Roussillon, contraint par Louvois d'entamer des poursuites contre le marquis, ne gardent d'ailleurs aucune trace d'une telle action. A peine, pendant le procès, de vagues annotations.

Totalement inconscient du guet-apens dont il faisait l'objet, Louis-Henry, qui avait déjà oublié les événements écoulés, avait repris, avec le feutre à large bord fièrement planté sur la tête, la vie du bon capitaine qu'il était.

X

L'Espagne aller-retour

Louvois avait remarquablement préparé son piège. En même temps qu'il semonçait Macqueron pour avoir trop différé son rapport, il rédigeait une missive à l'attention des consuls de Perpignan pour les engager « à résister à toute réquisition abusive », persuadé que l'outrage infligé au sous-bayle, deux années auparavant, et que le roi avait sanctionné par une amnistie, avait laissé dans les esprits des officiers municipaux de sains désirs de revanche.

Puis il s'était lui-même chargé d'informer le Conseil souverain du Roussillon de la procédure qui allait s'engager contre la compagnie de chevau-légers du marquis de Montespan, et contre le marquis lui-même. Encourageant le Conseil à poursuivre activement les coupables.

« Sa Majesté m'a commandé de vous faire savoir que vous procédiez contre les coupables pour les excès que ledit sous-bailli a soufferts pour être punis selon la qualité de leur crime. Et cependant, vous m'informerez, s'il vous plaît, de temps en temps, de ce qui s'y avancera pour en rendre compte à Sa Majesté. »

Et puis, au cas où les exhortations n'eussent pas suffi, il avait une fois le procès-verbal dûment dressé, et qui compilait les deux affaires — celle de 1667 et la présente —, expédié, pour plus de sécurité, le document qui disait :

« Louis, par la grâce de Dieu roy de France et de Navarre, à Tous présents et advenir salut.

« Le marquis de Montespan serait tombé dans divers excès et violences lors que sa dite compagnie était en Roussillon, qu'en l'année 1667. Une certaine fille de très haute condition s'étant donnée à lui, il en aurait abusé pendant quelques temps et l'aurait entretenue à sa suite dans ladite compagnie, vêtue en habit de garçon et emmenée en cet état en la ville de Perpignan et ailleurs, de sorte qu'un de ses parents, l'ayant reconnue déguisée avec un des valets de chambre dudit seigneur marquis de Montespan, il en aurait fait sa plainte au sous-bayle de la ville de Perpignan, lequel l'aurait mise en prison, ce qui aurait obligé la mère de ladite fille de venir dans ladite ville... Mais, sur ce que ledit sieur de Montespan aurait fait de grandes menaces audit bailli au sujet de l'emprisonnement de ladite fille, ledit baille dans la crainte que ledit marquis de Montespan ne s'en ressentît, aurait quelques jours après remis ladite fille en mains de sa mère : après quoi ledit marquis de Montespan ayant encore tenu cette fille quelques jours, il l'aurait abandonnée et aurait donné à une dame de ladite ville de Perpignan une somme de vingt pistoles pour aider à la marier, ce qui a été exécuté depuis, que néanmoins peu de temps après, en haine dudit emprisonnement, plusieurs cavaliers, et entre autres le nommé Cartet, maréchal de logis de la compagnie du sieur de Montespan, seraient allés dans la maison du sous-bayle, armés de pistolets et d'épées et proférant plusieurs serments et injures, l'auraient tiré hors de sa maison, lui auraient donné plusieurs coups de bâton, de bouts de pistolet et de plats d'épée et l'auraient même blessé du tranchant et fait à quelques-uns qui vinrent à son secours plusieurs autres insultes.

« De quoi le sous-bayle, ayant porté sa plainte à notre Conseil souverain en Roussillon, ledit sieur marquis de Montespan ne se serait mis en aucun devoir de le satisfaire, ni de punir les cavaliers de sa compagnie quoique quelques-uns d'entre eux eussent dit avoir fait toutes ces choses par les ordres du sieur de Montespan. Mais outre ces faits et circonstances qui se sont passés dans la ville de Perpignan, le sieur marquis de Montespan ayant fait rencontre d'une autre fille aussi de vile et basse condition dans la ville d'Ille, il l'aurait fait solliciter par une femme et lui aurait offert de l'argent, ce que ladite fille n'ayant pas voulu accepter, il aurait fait en sorte qu'elle serait venue demeurer dans la maison du bailli de ladite ville d'Ille, où il croyait l'attirer et l'engager plus aisément que dans la maison de son beau-père où elle était demeurante, où il avait fait loger un de ses cavaliers, afin d'obliger par crainte ladite fille et ses parents à consentir à ses désirs. Mais comme le beau-père et la mère l'eurent retirée de la maison dudit bayle où ils ne la croyaient pas en sûreté pour la mettre auprès d'eux, ledit marquis de Montespan aurait dit des paroles si extraordinaires et serait passé dans de si grands emportements que le bayle et les consuls de la ville d'Ille appréhendant qu'il n'arrivât quelques désordres considérables, auraient été obligés d'aller dans cette maison, ce qui aurait contraint son beau-père et sa mère de la remettre une seconde fois dans la maison du bayle d'où ils l'avaient retirée, disant que sans cela, il pourrait arriver de grands désordres dans la ville, ledit marquis de Montespan étant lui-même entré dans la maison avec le bayle et le consul, le pistolet à la main, proférant beaucoup d'injures et menaçant de tuer le beau-père. En effet, quelques temps après que ledit beau-père et autres parents de cette fille l'eurent retirée pour une seconde fois de la maison du bayle, et qu'ils l'amenaient hors de la ville pour la mettre plus en sûreté, ledit Cartet, maréchal de logis, l'ayant recontrée sur le chemin, l'aurait voulu retirer d'entre les mains de ses parents et aurait fait pour cela beaucoup de violence, de sorte que ses parents, appréhendant la venue des cavaliers que ledit Cartet était allé quérir en ville d'Ille, ils auraient mis ladite fille avec sa mère dans un couvent des religieux appelé l'Ermitage situé sur le chemin, comme dans un lieu sacré et un asile inviolable. Cependant, ils auraient continué leur chemin avec beaucoup de fatigues et ledit Cartet, étant revenu avec ses cavaliers, aurait investi le couvent et aurait essayé de monter par-dessus les murs pour en retirer la mère et la fille, ce qu'ils auraient apparemment exécuté si les religieux qui s'étaient mis en défense n'eussent obligé Cartet et ses cavaliers de se retirer. Quelques jours après, le sieur marquis de Montespan, s'étant transporté d'avant ledit couvent, il aurait proféré plusieurs paroles d'aigreur et de violence contre le supérieur et autres religieux jusques à dire que s'il eût été dans la ville lorsque cette fille était entrée dans le couvent, il eût fait mettre à bas ses portes. Sur quoi les religieux lui ayant réparti qu'ils en auraient écrit au Conseil du Roussillon et qu'ils nous en feraient aussi les plaintes, il se serait encore emporté à beaucoup de paroles injurieuses. Il leur a dit que s'il rencontrait le religieux qui portait lesdites plaintes, il l'aurait bien empêché de continuer son chemin, qu'en outre, quelques cavaliers de sa compagnie ayant fait diverses violences, il ne tenait nul compte d'en faire justice, ayant même souffert que quelques-uns aient pris du fourrage et autres choses sans payer, ce qui aurait pu causer un juste sujet de plainte à nos habitants des lieux où ils sont logés, que de plus dans une querelle que ledit Cartet et un cavalier eurent avec un habitant chez qui ils logeaient, il y eut beaucoup de coups, tant de pistolet que d'épée donnés audit habitant. Et même qu'un voisin comme Cales, étant venu au secours de l'habitant, Cartet se serait tourné vers lui l'épée à la main, l'aurait poursuivi dans sa maison et l'aurait blessé de coups d'épée et fait autres violences, ce qui aurait obligé le sieur d'Espalion, lieutenant de la compagnie, d'aller dans la maison, où, l'épée pareillement à la main, le marquis de Montespan serait venu, le pistolet à la main et aurait tenu et proféré injures et menaces contre ledit Cales et autres qui s'y rencontraient. »

Comme l'on s'en doute, la procédure suivit son cours. On vint en informer le marquis, abasourdi et qui, sûr de son bon droit et de celui de ses hommes, décida de réclamer justice : la première affaire avait été jugée, la seconde était scandaleusement grossie.

Il envoya donc à la Cour un gentilhomme de ses amis en qui il avait toute confiance et qui était porteur d'une lettre où le marquis disait sa version des faits et tentait de justifier ses actes et ceux de ses hommes. Il rappelait que le rudoiement des populations restait affaire courante dans le pays et que d'ailleurs les paysans savaient fort bien y répondre, se défendre et parfois même prendre l'initiative des hostilités. Et c'est pour de telles peccadilles qu'on lui envoyait les dragons ? Qu'on le menaçait d'embastillement !

Louvois avait déjà préparé sa réponse. Le marquis la reçut la veille de Noël. Elle était datée du 17 décembre, et son ton était aussi glacial que la saison :

« Monsieur, j'ai reçu des mains de ce gentilhomme la lettre que vous m'avez fait l'honneur de m'écrire. Je l'ai particulièrement entretenu du sujet pour lequel vous l'avez envoyé ici et vous voulez bien que je me remette au compte qu'il vous en rendra, et que je vous confirme ce que je lui ai dit. »

Après cela, il était clair qu'il n'y avait aucune mesure de clémence à espérer.

Louis-Henry commençait de comprendre la machination et le risque qu'il encourait à s'en remettre aux décisions de justice. Ses conjectures étaient tout à fait fondées : le lendemain même de la réponse, Louvois adressait à Macqueron l'arrêt royal qui cassait la compagnie du marquis de Montespan, ordonnait aux officiers de rentrer dans leurs foyers et aux chevau-légers de rejoindre la compagnie Desroches, « leur défendant très expressément de la quitter sans congé par écrit dudit sieur Desroches ou de celui qui la commande en son absence sous peine de vie ».

En même temps, un décret, édicté par le Conseil souverain du Roussillon, qui avait suivi à la lettre les consignes de Louvois et parachevé son instruction, ordonnait la prise de corps contre les coupables.

Le temps était venu d'agir. Le marquis savait que s'il se laissait prendre, il ne pourrait plus jamais faire entendre sa cause. Profitant du désordre que créaient l'arrestation de son aide de camp, le lieutenant d'Espalion, et celle du maréchal des logis Cartet, Louis-Henry de Pardaillan prit la poudre d'escampette, en compagnie de quelques autres de ses cavaliers. Son plan était simple, et, d'ailleurs, il n'avait pas grand choix. En premier lieu, il allait gagner Bonnefont pour y prendre son fils et quelque argent, puis passer en Espagne, sous la protection de Sa Majesté Très-Catholique.

Il ne quitta quasiment pas les étriers pendant la terrible chevauchée qui le ramenait vers ses terres. A peine gagnait-il un relais de poste qu'il demandait une monture fraîche et repartait de plus belle, sur les routes verglacées de ce mois de décembre. La rage de Louvois et du souverain à vouloir sa perte l'avait décontenancé et surpris, mais il pouvait, en y réfléchissant, la comprendre.

Son premier soin, lorsqu'il était sorti de sa prison de Fort-l'Evêque, avait été d'enlever Louis-Antoine à sa mère. Or, celle-ci avait maintenant accouché de l'enfant dont Louis XIV était le géniteur mais dont Louis-Henry, marquis de Montespan, restait en toute légalité le père putatif selon le principe fondamental du droit romain, *is pater quem nuptiae demontrant*. Il pouvait donc disposer, s'il le désirait, de tous les droits sur cet enfant.

Françoise-Athénaïs, après les frasques et les menaces qu'elle avait supportées de son mari, suivies de l'enlèvement de son fils, avait su tirer les conclusions qu'il fallait de la leçon. Elle redoutait que son mari, qui avait bravé les ordres royaux et quitté ses terres de Guyenne, ne surgisse un jour à Paris pour s'emparer de l'enfant du roi. Le bébé, qui avait vu le jour au mois de mars 1669, était donc entouré de toutes les précautions et de tous les secrets.

Louis XIV avait désigné Louvois pour sa sécurité, comme il avait nommé Colbert pour celle des bâtards de La Vallière. On demanda, dans l'extrême confidence, à la veuve Scarron, Madame de Maintenon, d'être la préceptrice de l'enfant, qui, trois ans plus tard, en 1672, mourait comme nous le fait savoir, dans sa correspondance, le père Tixier, prieur de l'abbaye de Saint-Germain-des-Prés : « Madame Scarron m'envoya quérir et Monsieur de Louvois vint de l'autre côté. Il avait été rendu fort savant par son précepteur Dandin qui fut ensuite fait par Montausier aumônier des suisses et abbé de mille écus de rente. Ce petit prince avait une tête excessivement grosse qu'à peine pouvait-il porter : on l'ouvrit et on lui trouva le crâne épais d'un gros pouce et la tête sans suture. »

Il ne faisait nul doute, aux yeux du marquis, que le roi partageait les craintes de la favorite. Le souverain s'était toujours montré fort reconnaissant à ses maîtresses des paternités qu'elles lui offraient, en supplément de celles, légitimes, de la reine. Ses enfants, tous ses enfants, Louis les choyait et les aimait, et n'avait jusque-là, à leur égard, manifesté qu'un désir : leur assurer un brillant avenir.

Il en avait déjà eu quatre de Louise de La Vallière qu'il avait tous reconnus et, des deux qui vécurent, il avait même légitimé la première, Marie-Anne de Bourbon, dit Mademoiselle de Blois, qui avait alors trois ans. « Car tel est mon bon plaisir », avait expliqué le roi, dans le corps des lettres patentes de mai 1667 qui érigeaient, pour Louise de La Vallière, le duché de Vaujours. Son frère, Louis de Bourbon, comte de Vermandois, né, comme les princes du sang au château de Saint-Germain, avait été légitimé à son tour en février 1669. A deux ans, l'enfant serait d'ailleurs fait amiral de France...

Pendant qu'il filait vers Bonnefont, à la vitesse du vent, le fondement véritable des manœuvres de Louvois apparaissait clairement aux yeux du marquis : le dévoué ministre chargé de la protection de l'enfant de la marquise et de son roi voulait anéantir tout ce qui pouvait ruiner son crédit. Il n'y avait pas là de quoi se rassurer. S'il avait raison, et Louis-Henry savait qu'il avait raison, alors le roi serait sans pitié pour lui. Le marquis se voyait déjà emmuré à vie dans le donjon de Pignerol, payant de sa réclusion la sécurité de l'enfant et celle de tous ceux que le roi pourrait encore avoir avec Françoise-Athénaïs.

Or, si Françoise-Athénaïs avait pu concevoir ces frayeurs et les faire partager au roi, elle pouvait tout aussi bien concevoir de récupérer son fils légitime pendant la fuite du marquis. Il était clair — Louvois l'avait écrit — que l'on cherchait à le faire déserter. Mais Louis-Henry ne s'enfuirait pas sans son héritier. Il l'aimait. Et, de plus, s'il l'avait à ses côtés, Louis-Antoine pouvait s'avérer un excellent moyen de se faire entendre quand il réclamerait justice.

*

A Bonnefont, les préparatifs de départ furent tout aussi brefs. Chrestienne de Zamet, sa mère, essuya quelques larmes et dit beaucoup de prières en voyant s'éloigner son fils et son petit-fils, frêles silhouettes qui s'effaçaient au loin sur la route, et qu'elle n'était pas certaine de revoir un jour. Louis-Henry lui avait fait part de ses plans avant de l'embrasser. Il redoutait que les dragons, maintenant lancés à sa poursuite, n'eussent le temps de lui tendre un piège sur les chemins qui conduisaient vers l'Espagne, par le col le plus proche, celui de Bielsa.

En fin stratège, il avait donc conçu le projet de contourner l'ennemi par Toulouse, où il s'arrêterait quelques jours, le temps de monter un équipage plus confortable pour son fils : le marquis de Montespan, malgré l'assurance dont il faisait toujours montre, était incapable de savoir combien de temps durerait son exil.

Deux jours après une marche plus calme, ils entraient dans Toulouse. Le père savait parfaitement où trouver refuge : chez l'une de ses anciennes conquêtes de la bonne société, épouse d'un conseiller au Parlement, et dont le mari s'était fort opportunément absenté. Ironie du sort, l'homme était en voyage à Paris et avait demandé audience au roi pour des affaires qui concernaient la bouillonnante ville rose.

La jeune femme ouvrit sa porte et ses bras aux deux

fugitifs. Non contente de leur confectionner de confortables bagages pour leur proche départ en Espagne, elle se résolut à les accompagner.

« Le jeune enfant promettait tant qu'elle s'était sentie obligée de ne le point abandonner », écrivit-elle, en guise d'excuse, à son mari. Et de nouveau, l'affaire fit grand scandale. Des cloches de Saint-Sernin aux voûtes du cloître des Jacobins, on se relatait l'anecdote avec la verdeur amusée et admirative des gens du pays. Soulignant l'intrépide nature du marquis qui atteignit l'Espagne en ce curieux équipage dans les premiers jours de janvier 1670. Son escarcelle étant fort peu remplie, il n'avait aucunement l'intention de s'attarder sur ces terres, malgré la délicieuse présence de sa nouvelle compagne, et celle, rassurante, de son fils. N'ayant, à Madrid, aucune maison où s'abriter, aucune relation pour l'aider, il lui fallait donc jouer serré dans les négociations qu'il avait fermement décidé de mener avec le roi d'Espagne.

Le marquis piqua donc vers la cour de Sa Majesté Charles II.

Son calcul était excellent. Louis-Henry n'ignorait rien de la tension qui existait entre les deux souverains. A la mort de Philippe IV, la guerre de succession et la prise des Flandres n'avaient pas arrangé les relations entre les cours française et espagnole. Tous le savaient, la paix signée à Aix-la-Chapelle restait précaire. Le roi Louis XIV avait donc tout à craindre des extravagances du marquis auprès de Sa Majesté Catholique. Montespan lui avait donné un avant-goût de ses dons tout à fait exceptionnels pour nourrir les scandales. Poussé à bout par une position trop stricte, Louis-Henry aurait sans nul doute la tentation de donner le plus grand retentissement à ses plaintes, et de porter ainsi grande atteinte au prestige du Très-Chrétien roi de France qui vivait quotidiennement un double adultère !

Et de fait, à peine installé à Madrid, le marquis commençait déjà d'expédier ses requêtes. Avant de prendre congé de sa mère, il lui avait recommandé de faire intervenir son intendant, Bernard du Nonné, auprès du Conseil souverain du Roussillon. Celui-ci était aussitôt parti pour Perpignan présenter les doléances du marquis, et les baillis avaient fait part de cette intervention à Louvois.

La réponse ne s'était pas fait attendre et n'augurait rien de bon pour la suite.

*

Le 22 janvier 1670, le ministre s'adressait au Conseil souverain en ces termes :

« J'ai reçu la lettre que vous avez pris la peine de m'écrire le premier de ce mois, par laquelle vous me faites savoir, nonobstant la requête que vous a présentée le procureur de Monsieur le marquis de Montespan, que vous avez donné arrêt par lequel vous ornez qu'il sera passé outre. J'en ai rendu compte à Sa Majesté qui a d'autant plus approuvé ce que vous avez fait que rien n'empêche le marquis de se rendre à Perpignan pour se mettre en état de purger le décret décerné contre lui. »

L'affaire s'engageait plutôt mal et le marquis savait l'urgence de prendre Louvois de vitesse. L'instruction intentée contre lui allait reprendre à Toulouse. Il y risquait une terrible condamnation par contumace et la saisie de tous ses biens. Louvois allait accumuler toutes sortes de preuves contre lui, afin de lui imposer les pires châtiments et par ailleurs l'ultime recours au scandale n'attirait plus le marquis. L'effet dévasterait sans doute l'humeur du roi, mais trop de bruit déclencherait aussi une irréversible fureur. L'arme était à double tranchant. Elle porterait, mais le bannirait à jamais de ses terres sans lui garantir pour autant un avenir paradisiaque en terres espagnoles. Dans cette cour grandement religieuse et toute en dévotions, le scandale rejaillirait sur lui.

Montespan envoya donc lettre sur lettre à la Cour. Requête sur requête. Il y promettait des concessions précises et secrètes, sans nul doute l'assurance de renoncer à ses prérogatives paternelles. Dans le même temps, il demandait à sa mère, Chrestienne de Zamet, à son cousin, le maréchal d'Albret, à son propre beau-frère, Vivonne, de solliciter sa grâce.

Pendant quatre mois, les négociations allèrent bon train. Le crédit grandissant de Colbert, que le roi avait nommé quelques mois auparavant secrétaire d'Etat et qui était l'ennemi juré de Louvois, pesait du bon côté de la balance. Les deux partis avaient tout intérêt, dès qu'ils obtiendraient gain de cause, à apaiser l'orage. Ce qu'ils firent. Aux premiers jours d'avril 1670, le roi accordait son pardon à tous. Aux complices qu'il faisait libérer, au marquis de Montespan qu'il autorisait à regagner le royaume de France.

« ... Le marquis de Montespan a eu recours à notre bonté et clémence nous suppliant très humblement de lui accorder nos lettres de grâce, pardon et rémission sur ce nécessaires, à quoi ayant égard, en considération de ceux de son nom et maison, voulons même préférer miséricorde à rigueur de justice.

« Savoir faisons que, pour ces causes et de notre grâce spéciale, pleine puissance et autorité royale, nous avons par ces présentes signées de notre main, quitté remis et pardonné, quittons, remettons et pardonnons audit sieur marquis de Montespan ensemble audit Cartet Maréchal de Logis et autres ses complices, les faits et cas susdits ainsi qu'ils sont exposés avec toute peine et amende corporelle, vicile et criminelle qu'ils pourraient avoir encourue pour raison de ce envers nous et justice ; mettant pour cet effet à néant tous ajournements directs et autres procédures qui en font été faites, même tous arrêts et jugements de condamnation si aucun avait été rendu par défaut pour contumace pour raison desdits faits contre ledit sieur marquis de Montespan et ledit Cartet et complices, nous avons aussi remis et restitué, remettons et restituons en leur bonne renommée, et en leurs biens non d'ailleurs confisqués, satisfaction préalablement faite à partie civile si fait n'a été et s'il y échoit, imposant sur ce silence perpétuel à nos procureurs généraux, leurs substituts présents et advenir à tous autres. »

Louis-Henry de Pardaillan-Gondrin, marquis de Montespan, l'avait emporté. Il était libre et heureux de revenir à Bonnefont.

Les lettres de grâce furent signées le 28 août à Saint-Germain et registrées au parlement de Toulouse, le 13 octobre suivant.

XI

Le marquis cultive son jardin

Le marquis retrouva donc le château familial avec le désir de donner une grande fête pour célébrer l'amitié intacte de ses fidèles et de ses clients. Il prit congé de sa compagne à Castelnaudary, sur les terres grasses du Lauragais, où il avait à faire, la laissant regagner seule Toulouse et le domicile conjugal, où elle se faisait fort de reconquérir l'amour de l'époux abandonné. Le voyage en Espagne, les aventures rocambolesques qu'elle avait pu y mener, avaient épanoui son corps et sa beauté. Les quelques privations dont ils avaient souffert ne l'avaient que fort peu marquée et Louis-Henry n'émit aucun doute sur la réussite de cette entreprise.

Elle continuerait, il le savait, à nier toute relation adultère avec le seigneur de Montespan, se posant, jusqu'au bout, en ardente partisane de la victime et en providence de l'orphelin. L'assurance de la sécurité dans laquelle elle se trouvait tenait aussi à la bonne renommée du marquis. Un bourgeois, fût-il conseiller près le Parlement, ne pouvait trop s'élever contre la seigneurie. Or, les

Pardaillan de Gondrin jouissaient dans la région d'un très grand prestige, encore auréolé par la résistance insolente faite au roi par Louis-Henry. Allié à toutes les grandes familles de la province, il avait l'assurance d'y trouver toujours un écho favorable à ses entreprises. Ainsi, lorsque deux années auparavant le marquis de Montespan avait proposé à Macqueron de lever en Gascogne une compagnie d'élite, composée de cent gentilshommes, et de les rallier à l'armée du Roussillon. Louvois s'était aussitôt dressé contre cette initiative : ces groupes nobiliaires, surtout lorsqu'ils venaient de Guyenne et du Haut-Languedoc, avaient toujours opposé aux efforts de discipline et d'obédience de l'administration royale une insolence et une morgue inversement proportionnelles à leur petite fortune. Louvois avait donc interdit l'entreprise du marquis, arguant que «cela ne ferait qu'alarmer les provinces sans aucun projet».

Pareillement, le marquis doutait que le conseiller du Parlement pût avoir déjà pris connaissance des propos publiés dans *la Gazette de Bruxelles*, en date du 5 mars 1670, qui rendait publique l'escapade de son épouse :

«Le marquis de Montespan, lequel s'est retiré en Espagne, a été condamné par contumace, faute de n'avoir point répondu à plusieurs chefs d'accusation, ayant mieux aimé sortir du royaume que de se mettre en état de répondre à Pignerol où il était appelé ; quoique la marquise d'Antin sa mère ait fait solliciter sa grâce auprès du roi, elle ne l'a pu obtenir non plus que le maréchal d'Albret. Sa Majesté ayant toujours insisté à ce qu'il se mette en état et que s'il est innocent comme ils le veulent persuader, il ne doit rien appréhender ; c'est pourquoi le roi s'est fait apporter les informations, Sa Majesté les a trouvées bien différentes de ce qu'on lui avait voulu faire croire ; ledit marquis a emmené avec lui son fils âgé de trois à quatre ans seulement et, passant par Toulouse, il logea chez la femme d'un conseiller du Parlement de cette ville-là, laquelle, touchée de pitié ou autrement, a suivi la fortune du père et du fils ; c'est de quoi elle a donné avis en partant à monsieur son mari, qui était pour lors à Paris, que cela ne l'étonnât point et que le jeune enfant promettait tant qu'elle s'était sentie obligée de ne le point abandonner, lequel compliment ne plaît guère à Monsieur le conseiller. »

La jolie fugueuse n'avait donc rien à craindre. Les deux amants se quittèrent sur un baiser et madame la conseillère s'éloigna, emportant avec elle le secret de son nom, que nul n'osa divulguer, par égard à son époux, et pour ne pas compliquer les tractations en cours entre le roi et le marquis pour l'obtention de ses Lettres de grâce.

La Gazette de Bruxelles et les rumeurs de la Cour prouvaient bien qu'à Saint-Germain, on s'employait à étouffer l'affaire, à l'heure où les négociations avaient enfin abouti. On murmura que Monsieur de Montespan avait dû « se retirer en Espagne pour éviter la peine de quelque violence qui s'était faite de son ordre dans le Haut-Languedoc ». L'ambassadeur d'Angleterre, ayant de son côté établi dans ses rapports, et non sans fondement, des concussions, et des levées abusives faites par le marquis au profit de ses troupes, Delamare en profitait pour expliquer la manœuvre à son entendement : « Comme des personnes de sa condition ne vivent pas toujours avec tant d'exactitude qu'il n'y ait quelque chose à reprendre en leur conduite, on ordonna à l'intendant de justice en Guyenne d'informer contre lui. » Bref, il semblait n'y avoir jamais rien eu entre Sa Majesté le roi et l'époux de sa divine maîtresse, lequel se disait en ces journées d'avril 1670 que si la poudre n'était pas passée loin de ses oreilles, du moins avait-il su tirer ses chausses du guêpier ! Désormais, il comptait bien s'occuper de ses affaires avec attention et ne plus trop exciter la royale magnanimité par ses algarades.

En Lauragais, le marquis fit une halte sur les terres de la seigneurie d'Auragne, dont les seigneurs de Gondrin avaient été reconnus, le 8 mai 1625, par « les consuls Bernard Calvet et Domenge Lasserre, les seigneurs justiciers ». Louis-Henry était revenu de son épopée espagnole sans un écu et quelques pistoles seraient les bienvenues pour continuer sa route. Pendant son absence, le fermier Guillaume Borie, intendant de la place, et dont les Pardaillan de Gondrin n'avaient, jusque-là, qu'à se louer, avait prélevé les redevances qui étaient attachées aux terres. Dès l'an de grâce 1663, il avait recouvert à neuf le château tout entier, les granges, les métairies et la forge. Il avait restauré les deux moulins à vent et porté le pigeonnier seigneurial, signe de quartiers, sur quatre piliers. Le pays était riche et les setiers de blé abondants, et les perceptions féodales qui rapportaient en moyenne deux mille livres par an auraient dû, normalement, échoir à Jean-Antoine de Pardaillan, duc de Bellegarde, oncle du marquis. Mais Louis-Henry était son héritier et le vieux seigneur d'Auragne avait consenti à ce que son neveu disposât de ces rentes.

Une magnifique idée, songeait le marquis, qui, ayant tout inspecté, rentrait par petites étapes au château de Bonnefont, où il allait faire venir le précepteur de son fils, Louis Anselme, afin qu'il rattrapât, par son entourage attentif et son enseignement, le retard qu'avait pris le jeune enfant pendant son séjour espagnol.

A Bonnefont, on lui fit fête : le couple Rosse, de vieux domestiques totalement dévoués à la famille, veilla à ce que tout fût exactement du goût du marquis. On battit donc le ban et l'arrière-ban de la sénéchaussée. On convia les seigneurs de Biron et de Gramont, et leur clientèle, à venir se joindre aux agappes.

Une table fut dressée devant la façade ouest du château, où le soleil de cette belle journée d'avril venait mourir, dorant les pierres d'angle, blondes comme les blés. Les pommiers et les glycines étaient en fleurs. La cloche de la chapelle, celle-là qui avait été fondue pour la naissance de la petite Marie-Christine, sonnait à toute volée par-dessus les chaumes des maisons paysannes. Une faiseuse de bouquets vint décorer les tables. On dressa, sur les murs, des brandons dont les flammes tressautantes se reflétaient à l'infini dans l'eau sombre des douves. Une harpe et quelques violes de gambe chantaient le retour du héros. Car c'était bien ainsi que l'on considérait le marquis : comme un seigneur au sang vif et à l'honneur intact, qui avait su, devant le roi, garder la tête haute.

Le souper fut un festin : civets de palombes, gigues de chevreuils, rôts de sangliers, croustades... Les derniers invités quittèrent le château aux aurores croisant les villageois qui s'affairaient déjà à préparer un bal pour célébrer le retour de leur seigneur. Alexis Dancieau et sa femme, Magdeleine Hau de Trie, que l'on avait mariés pendant l'absence du marquis, vinrent demander à Louis-Henry et à sa mère d'être les parrain et marraine de leur enfant. Le bébé devait naître au mois d'octobre. En l'honneur du maître des lieux, il s'appellerait Louis, si c'était un garçon, ou Chrestienne, si c'était une fille. Ce fut un fils qui leur vint et le baptême fut enregistré sur les registres de la catholicité, à la date du 11 octobre 1670.

*

L'aventure avait assagi le marquis de Montespan. Il avait repris la vie qui avait été la sienne avant son malheureux départ pour Ille, sans chercher à se hausser dans le monde, se contentant de chasser avec ses amis, et trouvant le temps et la patience de former son fils aux jeux d'armes, auxquels pourtant Louis-Antoine semblait fort peu disposé. Les jours et les semaines s'écoulèrent sagement, au fil des eaux de la Baïse et du printemps qui s'installait, pendant que Louis-Henry, assis sur un ployant auprès de l'eau, passait de longues heures à établir les plans de restauration qu'il s'était juré d'entreprendre s'il revenait en France.

Le château familial en avait grandement besoin. L'incurie pécuniaire de son père, les séjours prolongés des Montespan à la Cour les avaient écartés de leurs charges. Et l'on vivait encore, à Bonnefont, comme au Moyen Age. Pour la toilette comme pour les commodités, il fallait prendre l'eau au puits ou la tirer des citernes. Le marquis commanda donc un ingénieux système hydraulique, à l'égal de ceux mis en place à Versailles. On captait l'eau d'une importante source d'excellente qualité, l'Hount de l'Auque, qui surgissait à six lieues de là, au couchant du château, et par un emboîtage savant et souterrain de tuyaux de poterie elle était conduite jusqu'à la grande demeure où elle desservait tous les étages du donjon.

Au milieu de la cour, il fit creuser un vaste bassin circulaire au centre duquel, par la bouche d'une statue représentant Vénus anadyomène, jaillissait un puissant jet d'eau pure qui allait ensuite alimenter les douves et les fossés. Ces pièces stagnantes en étaient ainsi assainies, et l'on ne put bientôt plus se plaindre ni des moustiques qui gâchaient l'été ni des odeurs de bouillon croupissant qui montaient jusques aux fenêtres, les jours de fortes chaleurs.

L'enceinte du château présentait trois entrées, percées de vulgaire manière au milieu des trois faces du nord, du midi et du levant. Louis-Henry fit ériger une entrée d'honneur, que l'on baptisa le Portail rouge, de la couleur des deux pilastres de briques qui supportaient une grille monumentale, véritable chef-d'œuvre des maîtres ferronniers de la ville d'Auch. Là où la nature avait repris ses droits, sauvage et désordonnée, exubérante de ronces et d'orties entre l'enceinte et le donjon, jusqu'à une cour boueuse où les roues des charrettes s'engorgeaient aux essieux les jours de pluie, le marquis fit dessiner, du portail jusqu'à l'entrée, un vaste parterre de fleurs, de pelouses et de roses, que coupait en son centre un pas perdu de pavés blonds.

Le parc fut étendu autour des enceintes. On y planta des cèdres et des tilleuls, et l'on traça de grandes allées sablées, bordées d'ifs et de buis, qui s'égaillaient en étoile jusqu'à des folies, où, l'été, le marquis avait bien l'intention de donner des divertissements musicaux ou la comédie avec les troupes de passage qui sillonnaient le royaume.

Il fit aussi restaurer le donjon, aménageant au rez-de-chaussée une splendide salle de théâtre ornée, comme le premier étage où était sa chambre, de fresques murales aux fraîches couleurs et aux sujets naïfs.

L'éclat, le lustre, ne constituaient pas ses seules préoccupations. Puisqu'il était maintenant — c'était l'accord conclu avec le roi contre sa grâce — astreint à résidence sur ses terres, le marquis voulait donner à ses charges de seigneur toute l'importance qu'il y attachait. Il fit donc replanter, sur la place du petit bourg de Bonnefont, le vieil ormeau, témoin des antiques justices seigneuriales du Moyen Age, signe vivant d'un rôle qui lui était dévolu de par sa naissance et que le marquis ne voulait plus laisser aux bons soins de l'administration royale.

C'était jadis un usage général, comme en témoigne un grand nombre de titres anciens. A l'ombre de cet arbre, on continuait à se réunir après la messe ; les juges y rendaient la justice comme Saint Louis sous le chêne de Vincennes, les manants venaient y payer les redevances au seigneur.

Une légende populaire attribuait la plantation du vieil ormeau, dont une grande partie de la frondaison mourait ce printemps-là, à Sully, ministre d'Henri IV. En fait, ces arbres communaux — presque toujours des ormes — étaient beaucoup plus anciens que le temps de Sully, lequel ordonna effectivement de planter des arbres, mais sur les routes et les chemins publics afin d'en tirer un revenu pour le trésor du roi.

L'ormeau de Bonnefont, comme ses congénères, était tout autre chose. Dans l'esprit des manants et des vassaux du marquis, il restait véritablement l'arbre de la justice communale, et, à ce titre, il était loin de rappeler toujours des images riantes. A son ombre, les Pardaillan ne rendaient pas seulement la justice, ils y faisaient exécuter les arrêts. Criminels et condamnés y étaient exposés chargés de fers et solidement garrottés par un carcan fixé dans le tronc de l'arbre.

Et si le marquis voulait faire oublier ces images à ses gens, en revanche, il cherchait, en organisant une fête pendant laquelle le nouvel arbre serait enraciné, à affirmer son retour et sa volonté de reprendre ses charges : depuis l'arrêt du conseil du roi rendu le 19 février 1660, Bonnefont ne faisait plus partie de l'élection d'Astarac, mais avait été rattaché à la Bigorre, dont le marquis, depuis la mort de son père, était sénéchal.

C'est que le pays avait grandement besoin d'ordre et d'organisation. En 1654, la peste avait ravagé la contrée. Puis il y avait eu des averses diluviennes de grêle et enfin le passage continuel des troupes qui avaient encore accru la misère. La Bigorre, pressurée par un envoi inusité de garnisons en nombre exagéré, était victime de pillages et d'exactions, encore aggravés par l'obligation pour les paysans et les villageois de nourrir et loger les soldats. L'indigence était telle dans le pays que des bœufs ayant été requis pour aller à la montagne transporter des bois de la marine du roi, on n'avait pu en réquisitionner un nombre suffisant, et les consuls en avaient eu toutes sortes d'embarras.

Le marquis profita du bon accueil que lui réservaient ses gens pour réorganiser la gestion de ses terres et étendre ses privilèges. Le domaine de Trie lui échappait encore · le roi y était coseigneur avec les d'Antin, en paréage, et y relevait largement ses rentes. Cette part, le marquis la désirait fortement, et dès son retour, il commença de mander des émissaires à la Cour pour en obtenir la vente. Ce qui fut fait trois ans plus tard, en 1673 : désormais, Montespan pouvait y exercer haute et basse justice.

Le marquis fut accueilli dans la liesse, par trois consuls vêtus de robes et chapeaux mi-partis de rouge et de noir, la livrée des villes royales. Selon une cérémonie rituelle, le premier officier municipal était chargé de la harangue. Il était suivi de cavaliers, l'épée au côté, coiffés du chapeau bordé de galon jaune et d'une cocarde bleue, aux couleurs de la livrée de leur nouveau seigneur. Les trois hommes portaient un étendard, une trompette et un violon et, autour d'eux, d'autres armés de fusils tiraient dans le ciel pour manifester leur joie.

Jamais le marquis ne s'était senti plus heureux qu'en ce jour de fête où les cloches carillonnaient maintenant pour saluer la fin du discours du Premier consul. Il en oubliait, d'un seul coup, son amertume et les humiliations que lui avaient infligées Françoise-Athénaïs et la hargne tenace de Louvois. Alentour, dans la ville et sous la halle, ce n'était qu'enthousiasme, bonhomie et sympathies sincères. La fête était si belle et l'humeur si allègre que Louis-Antoine, le petit marquis d'Antin, émerveillé par la démonstration de la puissance de son père, applaudissait des deux mains.

Mais les ambitions du marquis n'allaient pas s'arrêter là. A mi-chemin de la route qui mène de Condom à Montréal du Gers, en Armagnac, sur un coteau dominant une riante vallée arrosée par le cours lent et sinueux de l'Osse, se dressait le château de Beaumont, ancienne propriété de l'illustre famille de Bezolles. La seigneurie qui s'y rattachait renfermait deux moulins, l'un à vent, l'autre à eau. C'est de la vieille demoiselle de Bezolles que le marquis de Montespan avait reçu ce château en héritage. Elle était morte là où elle avait vécu, dans une chambre éclairée par une petite fenêtre au couchant, élevée à huit pieds de terre et à laquelle on n'atteignait que par trois marches d'escalier pratiquées dans l'épaisseur du mur. La vieille demoiselle n'avait pas d'héritier direct et son château tomba dans l'escarcelle du marquis de Montespan, qui reprit aussitôt les travaux commencés par Jehan de Bezolles cinquante ans plus tôt.

En compagnie de son architecte, il fit bâtir le grand corps de logis double qui regarde le levant et le couchant, le raccordant en faux équerre à une tour du vieux château qui contenait un escalier en limaçon.

Louis-Henry vint fréquemment surveiller les travaux de réfection et d'embellissement qu'il avait lui-même couchés sur papier. Lui qui « s'était toujours mêlé de jardinage et qui avait du goût pour les maisons », comme il l'avait un jour avoué au roi, du temps de ses demi-faveurs à la Cour ; il fit dresser le plan d'un parc magnifique comportant un jardin à la française orné d'un décor de fleurs de lys et puis un labyrinthe de buis qui longeait une vaste parcelle d'herbe. De là, on pouvait admirer la grâce élégante de cette demeure dont la façade en demi-cercle se continuait par une courbe toute en arcades de pierre qui se reflétait dans l'eau des douves.

Il avait engagé l'un de ces peintres itinérants qui allaient de château en château afin qu'il décorât de rinceaux et d'armoiries à son chiffre le plafond et les murs de la pièce la plus vaste qu'il réservait à l'usage de sa bibliothèque. L'ensemble était peint en camaïeu de rouge capucine et de gris bleuté rechampi de blanc du plus bel effet. Enfin, non sans quelque nostalgie, il avait fait décorer sa chambre de gypseries qui représentaient les symboles de l'amour — carquois et flèches — et ceux de l'hyménée sous les traits de la pure colombe et de la couronne de la virginité. Rêvait-il encore au mariage qui les avait unis, Athénaïs et lui, tous deux si provocants de jeunesse, de beauté et de naissance... Combien étaient-ils alors à les envier, ceux-là mêmes qui aujourd'hui, à des titres divers, les haïssaient ? Françoise-Athénaïs, pour la place qu'elle occupait auprès du roi, lui, pour une arrogance et un sentiment de l'honneur qui flétrissait ceux qui dans sa position avaient courbé la tête.

On en était là de cette vie par trop paisible, lorsque Louis-Henry apprit que son cousin, le maréchal d'Albret, auprès duquel le marquis allait se divertir les jours heureux des premières années de son mariage, comptait se rendre à Bordeaux pour prendre sa nouvelle charge de gouverneur de Guyenne. Les jurats l'attendaient pour le neuvième jour du mois de juin. Depuis son malheureux exil, Louis-Henry n'avait plus revu son cousin. Le maréchal avait préféré se ranger aux côtés de Madame de Montespan. L'homme était courtisan, et, par une intelligence qui se doublait du génie de l'intrigue, « il devint le conseil de la marquise et abandonna pour elle Monsieur de Montespan », comme nous le fait savoir dans ses Mémoires Monsieur de Saint-Simon, qui ajoute : « Ce fut un homme qui, par son esprit, son adresse et sa magnificience se fit toujours fort compter.» La marquise sut reconnaître ses mérites et intercéda pour qu'il pût décrocher le bâton semé de fleurs de lys.

Louis-Henry de Pardaillan avait beau s'être rangé — le souvenir mortifiant de sa fuite en Espagne lui cuisant encore —, il n'était pas pour autant question qu'il laissât, lui, un Montespan, sénéchal de Bigorre et seigneur des plus puissants de Guyenne, d'autres pâles figures de la région accueillir d'Albret à sa place! En quelques heures, sa décision fut prise : il irait à Bordeaux saluer son cousin, pour que le maréchal sût à quel point il jouissait de toutes ses influences, afin d'en répandre le bruit lorsqu'il serait de retour à la Cour.

Il voulait une réception sans égale, d'un lustre et d'un éclat qui laisseraient le maréchal et le pays tout entier esbaudis. Des coursiers partirent donc vers les maisons de tous les seigneurs de la région, alliés et amis, pour les avertir de son projet et leur demander de se rallier à lui. Il commanda, à Toulouse, les plus belles pièces d'étoffe que les marchands pussent détenir, et le meilleur des tailleurs de la place qui lui fit en quelques semaines huit habits très riches, entièrement brodés de fils d'or, chacun assorti de chemises à manches et jabots de dentelles, et huit autres habits, pour son train ordinaire, dans de lourds brocards chamarrés. Puis il fit repeindre son carrosse au goût de l'époque : rouge sang, les strapontins des postillons surmontés de plumets d'autruche noirs et rouges et les armes des Pardaillan-Gondrin gravées sur les portes. Il ne lui restait plus qu'à se faire friser le cheveu et cirer la moustache, ce qu'il fit, avant de collecter au passage ses alliés et ses parents sur la route de Bordeaux.

Le 9 juin, après qu'il eut exhorté les consuls à composer

une fête éclatante, il était fin prêt pour accueillir le maréchal d'Albret.

Son habitude de la Cour, l'art consommé avec lequel il savait cacher ses émotions, ne furent d'aucun secours au maréchal, tant sa surprise fut grande. Il n'avait pas imaginé un seul instant que la ville de Bordeaux, traditionnellement réfractaire au pouvoir de Paris, pût le louer ainsi. Ni, surtout, que son cousin fût de la fête.

Le marquis de Montespan était pourtant bien là. Au premier rang, entouré des jurats de la ville, de quatre cents gentilshommes en grand apparat, et des plus illustres noms du pays, Messieurs de Toulongeon, de Lasserre et de Ribayrac. Lesquels montraient à Montespan les plus grandes marques de déférence.

Quel soufflet pour le maréchal! Il n'en croyait pas ses yeux. L'idée même d'aller saluer son cousin sur ses terres bouseuses de Bonnefont ne lui avait jamais effleuré l'esprit. Il l'avait imaginé reclus, à moitié fou, pauvre et misérable, et voici qu'il lui apparaissait, éblouissant dans un habit plus beau que le sien, tel un grand seigneur, ainsi d'ailleurs que le traitaient ses pairs.

Pendant un mois, le maréchal suivit donc le train du marquis. De Bordeaux, ils partirent en grand équipage pour Toulouse, faisant halte chaque soir dans les demeures seigneuriales où on les attendait. Et chaque soir, dans chaque château, le maréchal d'Albret ressentit la même déplaisante sensation de jalousie et de dépit : certes, les fêtes, les soupers et les représentations théâtrales étaient donnés en son honneur, mais le véritable hôte de prestige, celui visiblement qui était à l'origine de la fête, et qui poussait l'outrecuidance, devant ce parterre de nobles provinciaux, à le traiter en égal, d'homme à homme — pire, de marquis à cousin —, c'était Louis-Henry!

A Toulouse, la méchante humeur du maréchal atteignit

à son paroxysme. Le spectacle qui les attendait avait été composé de manière plus somptueuse encore. De nouveau, à l'appel du marquis, toute la noblesse de haute Guyenne et du Languedoc était venue faire démonstration de charme et de force. Le 3 juillet, comble d'insolence à l'égard de Saint-Germain, *la Gazette de France*, qui avait eu vent de la grandeur de la réception, n'hésitait pas à écrire, en toute candeur probablement :

« Le premier de ce mois, le maréchal d'Albret fit son entrée en cette ville avec beaucoup de magnificence, le marquis de Montespan, son cousin germain, lui ayant amené toute la noblesse. »

Il faisait chaud, le vin de champagne avait coulé à flots au cours du souper et le maréchal d'Albret, qui avait l'esprit vif et le compliment florentin, commença de piquer l'honneur du marquis de Montespan sur la beauté de ses vêtements. Puis, entre deux joutes oratoires, il glissa quelque insinuation fort déplaisante selon laquelle Françoise-Athénaïs, apprenant que son époux voulait se rendre à Bordeaux pour accueillir son cousin, lui avait envoyé quatre mille pistoles pour qu'il pût se mettre en équipage et faire tailler ses costumes. C'était, ajouta l'hypocrite maréchal, « un bruit qui courait, sans plus... ».

La rumeur existait effectivement, puisqu'elle fut reprise par Philibert Delamare, conseiller au parlement de Dijon, qui concluait précautionneusement son information ainsi : « Elle lui fit parvenir tout cela sans faire dire que cela vînt d'elle. A la fin, ses amis lui ayant remontré que, ne paraissant point qu'il vînt de sa femme, il le pouvait recevoir avec bienséance, il s'y résolut et le prit sans croire être obligé de remercier celle d'où il venait. »

Le sang du Gascon, on s'en doute, ne fit qu'un tour devant cet affront. Comment pouvait-on seulement supposer qu'il ait pu accepter de recevoir de celle qui — par ailleurs — n'existait plus à ses yeux quelques misérables pistoles ? Et puis comment Françoise-Athénaïs aurait-elle deviné son projet de se rendre à Bordeaux ? Il était condamné à l'exil sur la stricte limite de ses terres de Bonnefont et il y avait fort à parier que ni sa femme, qu'il considérait comme morte, ni le roi ne perdaient leur temps à s'attendrir sur son sort ou à s'inquiéter de son apparence quand Louvois, Colbert et La Reynie ne relâchaient pas leur surveillance. Leurs espions n'apparaissaient-ils pas sur ses terres avec une régularité et un acharnement de gratte-papier ? Ce qu'ils étaient, d'ailleurs, tous les trois.

L'avis de Madame de Caylus, qui s'était toujours trompée sur son compte, n'avait aucun fondement, si ce n'était le plaisir de faire un bon mot et d'étaler son mépris.

« A Versailles, disait-elle, on était disposé à laisser faire en province à ce misérable Gascon toutes ses extravagances. »

C'était compter sans les avis du roi et de Françoise-Athénaïs, mais surtout, sans celui du maréchal d'Albret, intimement persuadé, dès ce voyage, de l'urgence qu'il y avait à rabattre le caquet de l'insolent. Lequel sentait son sang s'échauffer. Finement, mais un peu plus lestement qu'il l'eût fallu, il riposta par une plaisanterie que ses clients et fidèles saluèrent d'un bel éclat de rire. La désinvolture de Montespan ébranla l'apparente sérénité du maréchal.

« Vous me manquez, lui dit d'Albret, et me devez pourtant le respect. — C'est vous qui me le devez, répondit le marquis, car c'est ma femme qui vous a fait nommer à ce gouvernement. »

La nouvelle du différend parvint jusqu'à Monsieur de Montmorency qui la reçut quand il se trouvait dans les appartements de la favorite. La marquise, voyant rire le duc tandis qu'il déchiffrait le message, voulut savoir le motif de sa gaieté. Il hésita, se fit prier, puis capitula :

« J'aurais tort de blâmer le marquis, dit sérieusement Madame de Montespan ; il a de l'honneur et est assez malheureux de m'avoir épousée. Avant notre mariage, le pauvre homme ne perdait qu'au jeu ; depuis, il a perdu jusqu'à sa femme. Faites savoir, je vous prie, à Monsieur d'Albret qu'il doit traiter Monsieur de Montespan avec plus d'égard s'il tient à conserver la faveur dont il jouit. »

XII

Perdue corps et... biens ?

L'éclair de bonté de Françoise était peut-être sincère et dépourvu d'arrière-pensées ; la marquise était célèbre pour ses brusques revirements d'humeur, relents de l'ancienne dévotion dans laquelle elle allait d'ailleurs finir. Mais il était toutefois plus crédible de l'accorder à un sursaut d'orgueil : laisser rire sur les cornes de son mari, c'était aussi accepter que l'on se moquât d'elle.

De plus, en cet été, quelques nuages passaient dans le ciel d'Athénaïs. Elle était préoccupée. Pour la seconde fois, elle avait accouché d'un garçon, dont Louis XIV était le père. Or, quels que fussent les engagements et les promesses contractés au cours des négociations espagnoles, on ne pouvait trop compter sur la constance de son fantasque époux. N'avait-il pas quitté Bonnefont pour Bordeaux, contre les ordres du roi ? Ses extravagances pleines de morgue — et il fallait bien le reconnaître, d'un certain humour — auguraient un avenir riche en rebondissements, en inquiétudes et en mauvaises surprises.

D'ailleurs, depuis l'exil du marquis, Françoise, notait

Saint-Maurice, « ne marchait jamais sans ses gardes, pas même pour aller de sa chambre à la chapelle Saint-Germain, bien qu'elle en fût tout contre ».

Qu'il vînt prendre ce deuxième enfant, que l'on cachait maintenant dans une maison de la rue de Vaugirard, et sur lequel veillait, dans le plus grand secret, la « belle Indienne », Françoise d'Aubigné, la veuve de François Scarron, aidée dans sa tâche par l'inépuisable Louvois, n'était pas la seule inquiétude de la belle Athénaïs. Elle songeait avec amertume que cette seconde naissance, comme la première, avait été entourée du plus grand secret. L'enfant, Louis-Auguste, venu au monde en pleine nuit, à Saint-Germain, avait été remis, comme un paquet, à Lauzun, qui lui-même l'avait confié à la veuve Scarron. On craignait moins les réactions de la reine — Françoise ayant, au contraire de la première, exhibé triomphalement cette grossesse — que celles du père légitime.

Ces manœuvres clandestines, ces silences soigneusement entretenus autour de ses enfants exaspéraient la marquise de Montespan. Pourquoi les siens étaient-ils voués à vivre dans l'ombre et dans la honte, quand ceux de Louise de La Vallière connaissaient tous les honneurs, portaient le nom des Bourbons et avaient même été légitimés par leur père ? La situation ne pouvait plus durer. Cette hantise d'un retour du marquis lui usait les nerfs.

De son côté, le roi n'était pas davantage satisfait de la contrainte éprouvante dans laquelle vivaient ses fils. Françoise trépignait pour qu'il les légitimât, mais sa condition d'épouse non séparée interdisait l'affaire. Il fallait impérativement que le marquis consentît à une séparation. Des ordres furent donnés dans ce sens, mais aussitôt abandonnés : le hasard avait soufflé la solution à Louis XIV.

Par testament, le comte de Saint-Paul, qui venait de décéder, avait demandé la légitimation d'un sien fils naturel, le chevalier d'Orléans, qu'il avait eu avec Madame la maréchale de La Ferté. Madame de Longueville, mère du comte de Saint-Paul, envoya au roi les lettres patentes qui déclaraient le chevalier d'Orléans fils du comte de Saint-Paul, sans mention de la mère.

Le roi s'inspira immédiatement de cette heureuse initiative et le 20 décembre 1673, il rédigea des lettres patentes que le Parlement enregistra aussitôt. Dans ces lettres, sans mentionner le nom de la mère, Louis XIV reconnaissait ses premiers enfants, Louis-Auguste, futur duc du Maine, Louis-César, comte de Vexin et Louise-Françoise, née le 1er juin 1673.

« Louis, par la grâce de Dieu, roi de France et de Navarre, stipulaient de manière sibylline ces lettres, à tous présents et à venir, salut. La tendresse que la nature nous donne pour nos enfants, et d'autres raisons qui augmentent considérablement en nous ces sentiments, nous obligent à reconnaître Louis-Auguste, Louis-César et Louise-Françoise et leur donner des marques publiques de cette reconnaissance pour assurer leur état. »

L'idée était excellente, mais le stratagème n'était pas imparable. Qu'il prenne l'envie au marquis de contester cet acte en faisant valoir l'identité de la mère, et tout était à refaire. On remit donc sur pied la procédure de séparation. Elle devenait urgente à plus d'un titre. Le roi voulait que ses enfants s'installent à Saint-Germain, à ses côtés et très officiellement. Et puis il venait de perdre le dernier alibi à son adultère avec la marquise de Montespan : Louise de La Vallière s'était enfin décidée à prendre le voile. Le 19 avril 1674, la douce et gentille favorite déchue entrait au carmel de l'Incarnation, où elle mourrait le 4 juin 1710, après presque quarante ans de prières, de repentir et de dévotions.

Or, depuis qu'il l'avait abandonnée pour la marquise de Montespan, Louis XIV avait toujours veillé à ce que Louise restât la favorite officielle. Bussy-Rabutin, quand on s'étonnait de cette présence permanente, et si cruelle au cœur de Louise qui souffrait des humeurs de Madame de Montespan et du spectacle permanent de sa propre défaveur, répondait :

« Le roi a besoin d'un prétexte pour la marquise. Je vous maintiens, moi, que c'est pour son propre intérêt et par pure politique que le roi a fait revenir Madame de La Vallière. »

Ainsi, en mai 1671, l'avait-il obligée, malgré ses plaintes — elle souffrait alors d'une très douloureuse grosseur au cou — à le suivre pour un nouveau périple dans les Flandres. A l'envoi du plan des aménagements pour accueillir ces dames, Louvois avait même joint une note afin que l'intendant Robert de Dunkerque ne se trompât point. Officiellement, la chambre attenant à celle du roi devait être occupée par Louise de La Vallière, mais on devait y percer un passage, de façon que, par ce chemin, Louise de La Vallière « puisse aller à couvert dans la chambre de Madame de Montespan ».

Par cette substitution officieuse, et sans que l'on se souciât le moins du monde des affres qu'elle provoquait chez Louise, le roi rejoignait sa belle maîtresse.

Mais au-delà de cet amour et de la toute-puissance de celui qui s'y livrait, il n'en reste pas moins qu'on craignait encore, à la Cour, le marquis comme « le plus fâcheux des épouvantails ».

Il fallait donc, impérativement, reprendre cette procédure de séparation, intentée le 11 juillet 1670, puis abandonnée, ainsi que le notait Guy Patin dans une lettre à un ami :

« Le roi a envoyé au Châtelet un acte pour séparer de corps et biens Monsieur et Madame de Montespan. » Puis, en latin : « On raconte beaucoup d'autres choses de ce genre que je ne tiens pas à écrire. »

Il restait surtout aux deux amants à trouver le prétexte...

*

A Bonnefont, pendant ce temps, le marquis se moquait bien de ce qui se tramait contre lui. De retour de Toulouse, il avait repris ses affaires. Baillant ses terres, encaissant la Baïse dont les débordements, au printemps, ruinaient les cultures, assistant ses paysans dans leur tâche... Il continuait de superviser l'éducation de son fils, à laquelle veillait toujours Louis Anselme. Marie-Christine, de son côté, restait dans les jupons de sa grand-mère, aidée dans sa tâche par une gouvernante dont la fille, Dorothée, était la seule compagne de jeux de la petite marquise.

Ainsi passèrent trois années de douceur et de vie familiale jusqu'à l'épiphanie de 1674, à l'occasion de laquelle Louis-Henry convia ses amis et voisins pour une grande fête. Il ne savait pas encore combien cette année serait rude pour lui.

Quelques semaines plus tard, en effet, sa mère, la bonne Chrestienne de Zamet, tombait malade. On fit venir de l'Isle-en-Jourdain un archiatre fameux pour ses poudres. Rien n'y fit. Ni les saignées ni l'émétique qu'on lui fit prendre. La fièvre succédait aux coliques. Elle maigrissait à vue d'œil, et ce fut sans une plainte, sans un pleur qu'elle quitta doucement un monde qui ne s'était jamais montré très tendre envers elle.

Fille de Jean Zamet, baron de Murat et de Billy,

maréchal des camps et armées du roi, capitaine et gouverneur de Fontainebleau, elle avait apporté en 1635 une belle dot à son mari, principalement sous forme de rentes sur les gabelles de Normandie. Puis, en 1656, effrayée par la prodigalité de cet homme qui n'avait aucun souci d'elle, et craignant qu'il n'entamât l'héritage de ses enfants, elle avait, comme on sait, gagné contre lui un procès en séparation de biens, et elle était rentrée chez elle pour se consacrer aux siens et à ses dévotions. L'opinion la plaça très vite au-dessus de son mari, appliquée qu'elle était de faire le bien chaque fois qu'elle le pouvait. Chrestienne avait perdu trois de ses enfants et son dernier fils, le marquis de Montespan, n'avait jamais cessé de la faire trembler par ses algarades. Il n'était pas de nuit qu'elle ne se réveillât, songeant à la fâcheuse alliance qu'il avait contractée, et aux dettes dont il ne cessait de se couvrir.

Seule sa petite-fille avait su adoucir ses dernières années, bien que l'avenir de l'enfant fût, pour elle, un souci permanent. Cette angoisse continuait de la ronger dans ses ultimes heures de souffrance. Qui veillerait sur Marie-Christine, après la mort de sa grand-mère ?

Le testament qu'elle avait rédigé, le 16 mai 1670, ne la consolait pas. Le texte trahissait l'inquiétude que lui procurait l'avenir de cette enfant, abandonnée par sa mère et délaissée par son père.

La dernière semaine de mars, l'état de dame Chrestienne empirant, son fils s'était résolu à la conduire à Toulouse, où se tenaient les meilleurs médecins et les empiriques les plus courus de Guyenne. Ils n'eurent point le temps de rétablir la santé de la malade. Le 2 avril 1674, « Dame Marie-Chrestienne Zamet, veuve de Monsieur de Gondrin, seigneur d'Antin et autres lieux, a été enterrée dans l'église de la Dalbade, le troisième d'avril 1674, estant décédée le jour de devant dans la paroisse, en la maison de maître de Jarousse, conseiller en la Cour, présents le révérend Père François Chéreau, prêtre de l'Oratoire et Jena Gelotte, clerc de la Dalbade ».

Selon le désir de sa mère, Louis-Henry, les yeux fort rougis, vêtu de noir et tenant par la main ses deux enfants, la fit ensevelir dans le caveau de « Saint-Gemier ».

Le lendemain, on ouvrit le testament, davantage pour connaître ses dernières volontés que pour toucher un bel héritage, car malgré tous ses efforts, Chrestienne de Zamet n'avait pu parvenir à reconstituer sa fortune, fortement entamée par les dépenses somptuaires de son mari, et par les avances énormes qu'elle avait consenties à son fils. Devant les cinq cent mille livres de dettes annoncées par le notaire, Louis-Henry renonça à ses droits comme il avait renoncé à l'héritage de son père.

Toutefois, Chrestienne avait pris des dispositions particulières pour veiller à l'avenir de Marie-Christine :

« Je donne et lègue à ma petite fille de Montespan qui est présentement auprès de moi, qui n'a pas encore le nom et cérémonie du Saint Baptême, fille de mon fils de Montespan, deux mille livres de rentes et en principal quarante mille livres constituées par le clergé de Sens au profit du sieur Daugé chanoine de Courpales et aumonier de monsieur l'archevêque de Sens mon beau-frère, par contrat passé par devant Coutelier et Sinfray notaires de Paris le 29ème avril dernier, lequel sieur Daugé m'en a passé déclaration le même jour par devant les mêmes notaires, pour en jouir par ma dite petite fille du jour de mon décès et être ladite rente employée, savoir 1 400 livres pour les nourritures de ma dite petite fille, sa gouvernante et Dorothée, fille de sa gouvernante, dans le couvent de Charonne, si madame l'abbesse de Charonne est encore vivante, ou tel autre monastère que monsieur l'archevêque de Sens voudra choisir pour y faire élever ma dite petite fille, le suppliant qu'incontinent après mon décès elle y soit conduite avec sa dite gouvernante et Dorothée sa fille, et cela pour beaucoup de considérations que je ne puis exprimer, jusqu'à ce qu'il plaise à Dieu de disposer de ma dite petite fille, soit par mariage ou religion ou qu'elle ait atteint l'âge de vingt-cinq ans, et les 600 livres restantes pour parfaire la susdite somme de 2000 livres, je veux qu'elle soit employée à l'entretien des habits ou choses nécessaires pour ma dite petite fille, de Dorothée et pour les gages de sa gouvernante. Que si ma dite petite fille étant en âge de choisir un établissement et qu'inspirée d'un saint désir elle voulût embrasser la vie religieuse avec l'approbation de mon fils son père, et de mon beau-frère ledit seigneur archevêque de Sens, en ce cas, je prétends et donne au couvent où ma dite petite fille fera sa profession, les dites 2000 livres de rentes tant en principal, arrérages et intérêts, à condition que ma dite petite fille y sera reçue comme bienfaitrice et y jouira de tous les privilèges attribués à ladite qualité, et surtout qu'elle aura dans ledit couvent une chambre particulière à cheminée et que le couvent lui fournira son chauffage dans ladite chambre, et qu'elle ne sera point tenue pour quelque raison que ce soit de maladie ou autrement d'aller à l'infirmerie dudit couvent, et qu'elle aura aussi une religieuse particulière à elle et pour la servir et coucher dans sa chambre. Et en dernier lieu, que sur ladite somme de 2000 livres de rente, ledit couvent sera tenu de bailler tous les ans à ma dite petite fille la somme de 300 livres pour lui servir de pension viagère et pour en disposer par ma petite fille à ses plaisirs et volontés, auxquels cas et conditions et non autrement je donne et lègue les dites 40000 livres audit couvent.

« De plus, je donne et lègue à ma petite fille tous les

meubles que j'ai eus de la succession de feu monsieur le duc d'Espernon et autres meubles qui sont de présent au couvent des mères carmélites de Toulouse.

« De plus, je donne et lègue à ma petite fille toute la vaisselle d'argent et pierreries qui se trouveront m'appartenir au jour de mon décès et dont partie est à présent audit couvent des carmélites de Toulouse, dont de tout je fais legs à ma petite fille ; à condition qu'au cas qu'elle soit religieuse, lesdits meubles vaisselle d'argent et pierreries appartiendront à mon petit fils, son frère, Louis-Antoine de Gondrin, à la réserve pourtant du petit service d'argent qui me sert à présent, composé d'une petite aiguière, petit bassin, quatre petits et deux autres plus petits plats, dix-huit assiettes, deux écuelles, deux petites salières, quatre flambeaux, un coquemar, un pot de chambre, une soucoupe, deux tasses couvertes de vermeil doré et les tableaux de peinture qui m'appartiennent qui sont en cette ville de Paris. Lesquels meubles d'argent et tableaux, ma dite petite fille pourra apporter au couvent où elle sera élevée, et jusqu'à ce que ma petite fille soit établie, le reste des dits meubles resteront entre les mains des mères carmélites de Toulouse où ils sont à présent.

« De plus, je veux et entends qu'au cas où ma petite fille viendrait à décéder avant que d'être pourvue par mariage ou profession de religion, lesdites deux mille livres de rente tant qu'au principal qu'arrérages et tous les dits meubles appartiendront à mon petit fils son frère, Louis-Antoine de Gondrin auquel j'en fais legs, sans qu'il en puisse par lui être distrait ni séparé aucune chose, qu'il n'ait atteint l'âge de la majorité, et quant au surplus de tous mes biens, je les laisse à mon fils unique Louis-Henry de Gondrin, marquis de Montespan et d'Antin, et même mes droits et prétentions sur le marquisat d'Antin à cause de mes conventions matrimoniales et autres sommes à moi dues par feu monsieur le marquis d'Antin qui se montent à des sommes considérables... »

Quelle tristesse et quel désarroi derrière ces lignes ! Quel désespoir avait donc éprouvé Chrestienne de Zamet qui, mourante, savait parfaitement qu'elle laissait derrière elle une petite-fille abandonnée de tous, délaissée par son père et ignorée de sa mère.

Elle avait tenté de prévoir tout ce qui pourrait préserver l'avenir de l'enfant, tenté d'évoquer tous les visages que prendrait l'avenir. Le mariage, le voile, jusqu'à l'avidité des religieuses qui la recevraient : sinon, pourquoi avoir réclamé une chambre seule et une cheminée, l'accès aux soins de l'infirmerie et la livraison de bois de chauffage ? En fin de compte, le traitement que connaissaient tous les autres enfants de sa qualité ?

Mais quel terrible chagrin pour la fillette ! Elle avait onze ans et avec sa grand-mère s'évanouissaient toute douceur, toute sécurité, même si la bonne Chrestienne de Zamet avait prévu de lui conserver sa petite compagne de jeux, Dorothée, et sa mère, qui était sa gouvernante.

Après des adieux déchirants à son père et à son frère, Marie-Christine fut conduite, comme le prescrivait le codicille, auprès de son oncle, l'archevêque de Sens, un homme qui lui était parfaitement étranger et vivait en des lieux qui lui étaient tout aussi inconnus.

Elle n'eut pas le loisir de faire sa connaissance, l'archevêque de Sens mourut à son tour quelques mois plus tard. On enferma Marie-Christine au couvent de Charonne. Elle y dépérit : un an presque jour pour jour après le décès de sa grand-mère, la petite fille qui avait fait l'objet de tant de tendres précautions, s'éteignait à son tour le 5 avril de l'an 1675. Elle avait douze ans exactement, un âge que personne ne sut rappeler au prêtre qui officia lors de son enterrement.

« Damoiselle Marie-Christine de Gondrin de Montespan, âgée d'environ dix ans, décédée le cinquiesme d'avril de la présente année dans la paroisse de Saint-Etienne, a été enterrée le sixième du dit mois et an, dans l'église de la Dalbade, présents le père Joseph du Molin et Pierre Manaut sous signés. »

Elle mourut sans que sa mère eût cherché à la revoir, ni n'ait pris la peine d'envoyer quelqu'un pour assister, en son nom, à l'enterrement de celle qui avait été son premier enfant : quelques mois plus tôt, Françoise avait accouché d'une autre fille que lui avait donnée le roi. On l'avait appelée Louise-Marie-Antoinette de Bourbon, dite Mademoiselle de Tours. Le bébé était joli comme un cœur, et Louis XIV en était fou.

*

Si le sort de ses enfants légitimes laissait la marquise particulièrement indifférente, celui des bâtards que Louis XIV avait reconnus et légitimés la préoccupait bien davantage. Quatre ans avaient passé depuis la naissance du duc du Maine. Elle avait enterré le premier de ses enfants. Et accouché de Louise-Marie-Antoinette, la quatrième, sans qu'aucun d'eux fût accepté à la Cour. Ils résidaient, avec leur gouvernante, dans une vaste et belle maison entourée d'un grand jardin, sise après la barrière de Vaugirard, par-delà les Carmes, et que le roi ne visitait que lorsqu'il chassait dans la plaine de Châtillon.

Avec la mort de sa belle-mère, Chrestienne de Zamet, Françoise-Athénaïs voyait de nouveaux horizons s'offrir à ses yeux. Elle pouvait invoquer l'ouverture du testament pour tenter une procédure de séparation. Le prétexte masquerait aux yeux de tous le véritable fondement de l'acte et lui procurerait des armes pour contraindre son très encombrant mari à renoncer définitivement à la considérer comme son épouse.

La marquise n'attendit pas que Louis-Henry eût terminé le temps du grand deuil pour lancer son offensive. Dès que la nouvelle de la mort de Chrestienne lui parvint aux oreilles, elle se précipita vers le roi. Louis XIV revenait d'une courte campagne en Franche-Comté. Il était victorieux, et amoureux, et n'avait rien à lui refuser, surtout pas ce qui pouvait concerner l'avenir de ses enfants. La réponse alla dans le sens de ses espérances, le roi l'exhorta à se faire aider par Gaspard de Fieubet, son conseiller ordinaire et l'un des plus preux chevaliers de la reine, dans l'étude d'un compromis.

On envoya donc à Bonnefont des lettres qui notifiaient au marquis de Montespan les intentions de la marquise. La réponse fut immédiate : Louis-Henry, sans avertissement, resurgit, tel le diable, à Paris, malgré l'ordre d'exil qui continuait de le frapper.

Il avait gardé un pied-à-terre dans la capitale, soit qu'il n'eût pas eu le temps de déménager, soit qu'il caressât toujours l'idée d'y revenir un jour pour accomplir sa vengeance. Il était donc installé rue Saint-Jacques-de-la-Boucherie, une venelle sombre et miséreuse où le rayon du soleil ne tombait jamais, dans un logement relativement médiocre mais où, cependant, il se sentait bien. A quelques pas de là se dressait la Sorbonne, et l'agitation bavarde et rieuse des étudiants lui emplissait le cœur d'aise. Sa jeunesse lui revenait à la mémoire, vive comme une piqûre de guêpe, et puis les clercs attiraient autour d'eux une nuée de jouvencelles allègres et appétissantes, au sujet desquelles Louis-Henry, que les ennuis à venir ne plongeaient pas dans une angoisse existentielle, se promettait quelques visites prochaines.

Hélas, le marquis péchait une fois encore par excès

d'optimisme et il crut s'étouffer dans son pourpoint à la lecture de l'acte que lui transmettait la marquise. La garce demandait la séparation pour « injures et sévices graves » et, comble d'insolence, elle lui réclamait le remboursement intégral de sa dot ! Une somme dont elle savait parfaitement qu'elle n'avait jamais été versée par le vieux duc de Mortemart, sauf à quelques arrérages près, et encore au bénéfice de ses parents... Quant aux injures et sévices allégués, qui les avait subis ? Qui en avait le plus souffert ?

C'était à devenir fou ! Louis-Henry dévala quatre à quatre le petit escalier en colimaçon qui gagnait la ruelle et s'en fut hurler son indignation et ses déconvenues. En serait-il toujours ainsi ? Est-ce que son épouse allait passer sa vie à tenter de le ruiner, de le faire enfermer, de le bâillonner ? Le roi et elle n'auraient donc jamais aucune pitié, aucun remords, aucun repentir ?

Son accent, sa vivacité attirèrent surtout l'attention des espions de Nicolas-Gabriel de La Reynie, placés là sur ordre de Louvois, avec pour mission d'informer immédiatement le ministre de tout mouvement dans le logement du marquis.

A la description que les sbires en firent, le lieutenant général de police devina immédiatement l'identité de l'extravagant Gascon. L'information fut aussitôt transmise à Dole, où le roi soutenait un siège. Toutes affaires cessantes, le monarque rédigea un billet à l'attention de son ministre Colbert, pour qu'il prît les mesures nécessaires à la sécurité de ses enfants, et à la surveillance de l'indésirable. Quitte à intercéder en temps et lieu pour précipiter le dénouement de l'affaire déposée par-devant le Châtelet...

Colbert répondit par retour de coursier, le 17 juin 1674 : « J'ai vu Monsieur de Fieubet sur le sujet de Monsieur de Montespan, ainsi que Votre Majesté me l'a ordonné par son billet du 13 de ce mois que j'ai reçu ce matin.

« Il m'a assuré que Monsieur de Montespan avait donné les mains à tout, que la procédure était déjà fort avancée, et qu'elle était en état de ne recevoir aucune difficulté. Ce que j'ai recueilli de son discours consiste en ceci qu'il faut encore quinze jours pour rendre la procédure parfaite, que, pendant ce temps, il est assez nécessaire que Monsieur de Montespan demeure à Paris ; qu'il a donné parole de faire payer 40 000 écus pour le parfait payement de la dot de Madame de Montespan, en acquit des dettes auxquelles elle est obligée, avec subrogation à son profit. Et, comme il parle de prendre cette somme sur les biens de Monsieur de Mortemart, qui doit 1 700 000 livres et dont toutes les terres pourront difficilement payer une si grosse somme, peut-être que cette difficulté pourrait apporter quelque retardement à la conclusion de cette affaire, encore que ledit sieur de Fieubet ne me l'ait point témoigné.

« Et comme Votre Majesté m'a fait connaître qu'elle ne veut pas que ledit sieur de Montespan soit ici lorsqu'elle arrivera à Fontainebleau, j'ai cru qu'il était nécessaire de lui dépêcher ce courrier exprès pour être informé de ses intentions sur le séjour de quinze jours qu'il sera encore obligé de faire en cette ville, pour achever entièrement la procédure. »

Quinze jours ! Le marquis s'amusait follement. Ah ! On lui avait réclamé la dot de son épouse, une dot qu'il n'avait jamais totalement touchée ? Eh bien, il se montrerait fort amène devant cette décision et réclamerait lui-même la somme dont rêvait Françoise à son vieux duc de père. L'homme, il le savait, était submergé de dettes, et sa maison ne tenait que par le miracle de son nom. A la moindre secousse, la belle façade rongée de l'intérieur, minée par des couches d'emprunts et de crédits épuisés, s'écroulerait comme un soufflé. Incapable de payer la somme qui lui était demandée, le vieux Mortemart permettrait à son gendre de traîner ses chausses à Paris le temps qu'il lui plairait, avec la satisfaction de savoir que sa seule présence suffisait à terroriser le roi et sa concubine. Ou bien Françoise renoncerait à ses folles prétentions, ou bien il l'obligerait à ravaler cette morgue qui la poussait, sans ciller d'un pouce, à accuser un époux qu'elle avait déshonoré aux yeux du monde entier.

A la lettre de Colbert, Louis XIV avait promptement mandé sa réponse :

« Pour ce qui regarde l'affaire dont Fieubet est chargé, dites-lui de la presser, afin de l'achever, s'il est possible, dans la fin de ce mois.

« Quand vous viendrez à Fontainebleau, je désire que vous soyez instruit de l'état auquel elle sera, afin que je prenne mon parti sur le séjour de Monsieur de Montespan. En attendant, vous ne lui ferez donner aucun ordre... »

La fin de ce mois ! Le délai était irréaliste. Quels que fussent, pour une fois, les désirs du roi, ils ne seraient pas écoutés. Le vieux Mortemart ne pouvait pas payer la dot de sa fille. La situation était bloquée, on en avait pour des mois, à moins de recourir à l'arbitrage des juges.

Ce qui fut fait et, comme le souhaitait le roi, « dans les plus brefs délais ». La marquise manda à son mari un exploit d'assignation. Toujours insolent, le marquis ne daigna point y répondre, et délégua ces basses œuvres à son procureur, Maître Claude-François Brierre, arguant de toute façon que « les faits portés au susdit exploit étaient supposés ».

Le marquis réclamait en conséquence d'être « envoyé quitte et absous de ladite demande avec dépens ».

Il fallut donc entendre les deux parties en lice, sans bien sûr qu'elles se rencontrassent jamais. En conclusion de ses auditions, le lieutenant civil prononça, selon toute attente, « un jugement contradictoire » en faveur de la marquise, « qu'il autorisait à apporter la preuve des sévices allégués et son mari à faire la preuve du contraire. En attendant, la demanderesse, Madame de Montespan, renonçait à la communauté de biens par acte contresigné du sieur Laurent, commis au greffe du Châtelet ».

Apporter la preuve ! Le propos tournait à la dérision. Le marquis connaissait trop bien les vilennies des courtisans et la faveur immense de la marquise auprès du roi pour douter un instant qu'ils abonderaient en détails croustillants. Le soufflet qui avait violacé la belle joue nacrée de sa femme, les propos injurieux qu'il avait répétés à l'envi, devant les jeunes dames et les petits messieurs, dans les salons d'Albret, chez la duchesse de Richelieu, daubant le roi et sa royale catin... Il se rappelait encore les injures à l'adresse de cette pauvre Madame de Montausier, son intrusion dans les appartements de la dame d'honneur, à Saint-Germain, ce soir d'été où il avait tenté de trousser Françoise pour la gâter...

En fait, il fallut deux longues journées pleines pour que le commissaire Mazure prît en notes toutes les déclarations des témoins de la plaignante. Le 7 juillet, le procureur général Achille de Harlay, assisté de six juges, rendait son jugement définitif, dans une procédure exceptionnelle « par évocation », preuve du souci royal de faire diligence et d'éviter toute publicité.

Evidemment, l'arrêt donnait toute satisfaction à la marquise de Montespan. Le texte stipulait que les époux Montespan étaient « séparés d'habitation et de biens, aux torts du mari convaincu de dissipation de biens, mauvais ménage et sévices commis envers sa femme, Que défenses lui seraient faites de la plus hanter ni fréquenter, Qu'il serait condamné à lui payer, de quartier en quartier et par avance, pendant sa vie, une pension alimentaire de la somme de 8000 livres, en attendant que douaire ait lieu, à lui apporter acquis et décharge valable des obligations et constitutions solidaires où il l'a fait entrer avec lui».

Plus il lisait la sentence de déclaration, plus le marquis de Montespan avait l'impression d'être tombé dans un piège. Quoi, encore une fois, après l'incarcération à Fort-l'Evêque, après la tentative de Louvois de l'enfermer à vie à Pignerol, on essayait de le ruiner, de le désespérer, lui et ses enfants?

Il continua de déchiffrer, incrédule, le bel arrêt concocté par Achille de Harlay. C'était de pire en pire. On voulait qu'il «rendît la somme de 60000 livres reçues par lesdits sieur et dame d'Antin en exécution du contrat de mariage, avec profit et intérêt de ladite somme...» Et, de surcroît, qu'il versât une pension de 4000 livres l'an...

Que faire sinon éclater de rire, et croiser les bras? Cet argent, quand bien même l'eût-il possédé, il n'eût pas été question pour lui de le restituer.

Il décida sur-le-champ de préparer sa défense.

XIII

Le déclin d'Athénaïs

« Défense de hanter ni de fréquenter sa femme. » L'ordre ne l'épouvantait pas. Il y avait des lustres que Louvois, Colbert et La Reynie veillaient à ce que les époux ne se rencontrassent jamais. La suite — la pension alimentaire, le remboursement immédiat des dettes contractées ensemble et la restitution de la dot — avait un fond de scandale qui étouffait le marquis.

Cet argent, il ne le possédait pas, sauf s'il vendait ses terres avec les rentes qu'elles engendraient. De cela il ne pouvait être question. Depuis quelque temps, le marquis caressait le projet d'établir au mieux son fils, par de bonnes études qui prendraient le relais des enseignements de Louis Anselme et permettraient à l'enfant de faire son entrée, le front haut, à la Cour.

Pour sa défense, il décida de ne pas bouger et de faire la sourde oreille : la séparation de biens et de corps était prononcée. Maintenant que le roi et la marquise avaient réalisé leurs vœux, peut-être le laisseraient-ils tranquillement fréquenter Paris et ses salons ?

C'était mal connaître la marquise. Les événements prirent un tout autre cours.

Le 16 juillet 1674, un sergent à verge du Châtelet vint frapper au domicile du marquis pour lui remettre un exploit de justice, un ordre, en fait : le marquis était sommé, séance tenante, d'exécuter la sentence. Il n'avait pas une pistole en poche, Françoise-Athénaïs le savait. Aussi, dès le lendemain, sans le moindre remords, fit-elle saisir les meubles qui composaient son logement parisien, et annonça-t-elle son projet de faire de même avec tous les autres biens immobiliers.

Louis-Henry ragea, vociféra, mais il ne put molester, comme l'envie l'en démangeait, le sergent de justice : le moindre acte d'humeur envers une administration royale serait immédiatement sanctionné par une incarcération. Il fut donc obligé d'assister à l'inventaire de ses maigres trésors parisiens, conduit par François Rhurin, maître tapissier demeurant « sous les piliers de la Tonnellerie, paroisse Saint-Eustache ».

L'homme, un brave manant tout intimidé, qui roulait nerveusement les bords mous et crasseux de son feutre, nota scrupuleusement sa prise. Elle se constituait d'une « tapisserie de Flandre en sept pièces représentant l'histoire de Moïse, une couche à hauts piliers de noyer, une couverture de laine blanche, une autre rouge, quatre rideaux, huit sièges pliants, quatre chaises à dossier recouvert de brocatelle à fond rouge semé de fleurs incarnates et blanches, douze chaises torsadées, rembourrés de crin et couvertues de moquette, une glace de Venise de trente pouces de haut, un petit cabinet de noyer à deux guichets et plusieurs tiroirs, pour un prix total de neuf cent cinquante livres ».

Neuf cent cinquante livres! Françoise le poursuivait pour neuf cent cinquante livres, pendant que le roi faisait édifier pour elle, par Le Vau et d'après les plans de la marquise, un palais en miniature tout en mosaïques chinoises, le Trianon de Porcelaine. Pour elle encore, Sa Majesté avait passé commande à Hardouin-Mansart du château de Clagny, une folie qui avait exigé que l'on rasât un village entier et que l'on déplaçât son cimetière. Un palais qui avait dramatiquement grevé le Trésor royal de trois millions de livres, mais qui faisait se pâmer d'aise la marquise de Sévigné. Et la perfide ordonnait ses mauvais coups du plus beau des appartements du palais qu'elle occupait à part entière, à moins que ce ne fût de cet éblouissant logement du château de Versailles qu'elle partageait, en indivision, avec son royal amant. Ou bien encore de cet appartement des bains où Athénaïs régnait au milieu d'un décor « d'une magnificence inouïe » : on y exposait des peintures de Le Brun, des bronzes de Caffiéri, des ciselures de Cucci et des sculptures de Temporiti, Le Hongre, Tuby ou Girardon.

Dans les salons, les courtisans ne se lassaient pas d'écouter le récit et les descriptions que rapportaient les privilégiés autorisés à entrer dans cet appartement privé, à admirer le cabinet des bains, où une grande cuve octogonale taillée dans un seul morceau de marbre alimentait en eau claire deux baignoires longues de marbre blanc.

Et le marquis, pendant ce temps, n'avait plus de couche où se reposer, de toit pour le protéger. Il était contraint de trouver refuge chez le curé de Saint-Jacques-de-la-Boucherie et de dormir dans le cloître que le saint homme avait ouvert pour lui. Mais si cette vipère de Françoise comptait se débarrasser de sa personne d'une aussi vilaine façon, il saurait lui donner du fil à retordre!

Son stratagème était simple : répondre coup par coup, user de tout l'arsenal juridique dont son procureur lui soufflait les ressorts.

Ainsi le marquis commença par protester contre une saisie qu'il qualifiait d'abusive, tout en annonçant sa volonté d'interjeter appel de la sentence. Ses arguments étaient irréfutables : comment rembourserait-il une dot qu'il n'avait pas touchée, alors même qu'il avait renoncé à l'héritage de ses parents, dépositaires de l'argent ? Comment pourvoirait-il à l'entretien et l'éducation de ses enfants, si sa femme le jetait sur la paille ?

On veut « causer la perte entière de ma maison et m'ôter tout pouvoir d'élever nos enfants suivant leur qualité, eu égard aux dettes dont je suis chargé, et que, dans les temps présents, les terres ne se [pouvaient] pas vendre à leur juste valeur ». Le mot circula, la plainte se répandit dans tout Paris et jusqu'à la Cour, où elle fit longtemps des vagues.

Louis XIV frémit de cette nouvelle et malencontreuse publicité. Ainsi il avait fait mettre sur pied toute cette procédure dans le seul dessein d'effrayer le marquis, de l'obliger à consentir à cette séparation puis de lui faire quitter Paris, et voilà que ce fou se démenait plus que jamais, levant, à chacune de ses apparitions, un beau train de scandales, apitoyant certains, en révoltant d'autres.

Et pourquoi s'acharner ainsi ? Les amants avaient gain de cause : les bâtards étaient reconnus et légitimés, le mari fâcheux déclaré séparé de corps et de biens. Il n'y avait plus rien à craindre. A vouloir trop gagner, ils risquaient encore de tout perdre. Il fallait savoir capituler, et capituler royalement. Les deux amants s'inclinèrent, avec une belle apparence de magnanimité.

On rendit publique la réponse de la marquise à son mari que rédigea Gaspard de Fieubet. Françoise y disait qu'« elle n'avait jamais eu l'intention de ruiner la maison dudit seigneur son époux, ni de faire aucun préjudice à ses enfants». La dot ne serait réclamée qu'à la mort du mari, la pension alimentaire supprimée et les dettes du marquis payées, pour empêcher, par cette disposition, «Monsieur de Montespan de vendre ses terres au désavantage de ses enfants».

La transaction était équitable. Les deux parties, parfaitement conscientes du mauvais tour qu'aurait pu prendre cette affaire, pour les uns et pour les autres, signèrent le 21 juillet, chez Maître Bierre (Françoise se fit apporter le procès-verbal à Versailles) la sentence de séparation et ses modalités. Louis-Henry y sauvait la face et sa fortune; Françoise tournait la page sur les années conjugales en acquittant les dettes du marquis, contractées ensemble, jusqu'à concurrence de 90000 livres, solde de sa dot. Dans le même temps, elle se débarrassait de la terreur qui l'habitait dès qu'un courtisan prononçait le nom de cet époux imprévisible et dont la bravoure suscitait, elle le savait, l'estime autour de lui.

Le danger était passé. On pouvait enfin sortir les enfants au grand jour. A la fin du mois, par l'intermédiaire de Louvois, le roi donnait ordre à Françoise Scarron de quitter la maison de Vaugirard et de s'installer, avec les enfants de la marquise, à Saint-Germain et «en tout autre lieu où se trouverait la Cour». Quelques semaines plus tard, Jean-Baptiste de La Roque, l'homme d'affaires de la marquise, réglait en son nom les dettes du couple. Des règlements, précisait l'acte, «faits en présence dudit seigneur de Montespan qui l'eut pour agréable».

Pour dire juste, le marquis de Montespan était tout à fait ravi. Ses procès, ses querelles avec la Cour, à cause d'Athénaïs, lui usaient les nerfs. Ces quelques semaines à

Paris, le commerce acharné qu'il avait entretenu avec ses juristes et ceux de la favorite, ébranlaient sa belle santé morale : même dans le cloître de Saint-Jacques-de-la-Boucherie où il dormait, le souvenir d'Athénaïs, les parfums d'Athénaïs lui revenaient en mémoire, le torturaient. Malgré tout, il l'aimait encore. Il lui fallait vite se débarrasser de cette étrange langueur qui lui amollissait l'âme et dissolvait sa volonté. Il lui fallait partir... Mais avant de regagner Bonnefont, il avait encore des mesures à prendre pour préparer son retour dans les faveurs royales, afin de faciliter les entrées de son fils à la Cour.

Revenir en tant que simple courtisan ? L'affaire était impossible. Athénaïs, qui régnait en maîtresse absolue sur le cœur du roi, ne l'eût pas permis. Louis XIV ne l'aurait pas davantage toléré. Il ne restait qu'une solution au marquis de Montespan pour se racheter et débarrasser son nom de la fâcheuse réputation d'extravagant qui s'y rattachait. C'étaient les armes, l'armée, la conquête et la gloire. Servir, à défaut du roi, du moins la France. Il retarda son départ et commença ses démarches.

*

Il les débuta dans les salons du prince de Condé. Très vite, on l'y accueillit avec chaleur. Le jeune et fougueux Gondrin de Pardaillan avait pris un vernis, une maturité, un humour tout ensoleillés qui tranchaient avec ses fantasques algarades, six ans plus tôt. Ses façons rompaient aussi avec le ton acide, le tour florentin des potins échangés par les courtisans.

Il ne jouait pas : il était sans le sou et ne tenait pas à devenir le débiteur d'un habitué de la Cour. Il écoutait, charmait, rassurait. Mais sans jamais être gâté par la mollesse de volonté et le climat de compromission qui régnaient dans la capitale. Le marquis voulait bien rassurer, il ne voulait pas amuser.

C'est ainsi qu'un jour, on vit entrer dans les salons du prince de Condé, un petit monsieur, courtisan dans l'âme et acharné à sa propre élévation. L'homme, le chevalier de Manicamp, crut s'allier la compagnie en se gaussant de Montespan et en lançant quelques fines — mais éclatantes — allusions à l'« affaire » du marquis.

Le jour même, Louis-Henry demandait l'arrestation, pour outrages, du chevalier. Nicolas La Reynie et Colbert n'hésitèrent pas. Ils tenaient leurs ordres du roi : n'en donner aucun au marquis et ne pas le contrarier. On lui prêta main-forte. Le chevalier fut incarcéré... à Fort l'Evêque.

« ... Quant au tour que le chevalier de Manicamp a joué au marquis de Montespan, relate Monseigneur Lenet, abbé de la Victoire et correspondant assidu du prince de Condé, l'on croit que tout s'ajustera. La femme de ce chevalier l'est venue fort prier d'avoir pitié de son mari. Les parents de Monsieur de Manicamp lui ont aussi fait la même prière. Et Monsieur Colbert lui envoya faire un compliment sur cet accident et dire qu'il avait bien fait de faire arrêter cet homme, qu'il le fallait châtier et que pour cela, il lui offrait son crédit. »

Mais le marquis n'était point rancunier. Le bruit s'était répandu, l'affront vengé. On disait partout que Louis-Henry méritait son rang. Il demanda que l'on relaxât le méchant plaisantin.

« Monsieur de Montespan répondit aux prières de la femme et des parents de Manicamp qu'il ne demandait rien au prisonnier, et que si Monsieur le lieutenant-criminel voulait le relâcher, qu'il y consentait de bon cœur La femme et les parents ont proposé à Monsieur Colbert de faire mettre le prisonnier aux petites maisons comme un fou. Colbert répondit que si l'on mettait tous les fous aux petites maisons, tout le bien du roi ne suffirait pas pour les nourrir.»

Tout allait donc pour le mieux. Le marquis pouvait pousser ses pions plus loin. Il interrogea le prince de Condé, dont il était devenu un familier, sur l'attribution possible d'un gouvernement militaire.

«Monsieur de Montespan est très honnête, très civil, et fort dans une bonne règle de ses mœurs et dans la dévotion», intercéda le Prince auprès du roi.

Et l'abbé de la Victoire d'ajouter, dans sa correspondance :

«Le marquis rentrera dans le service, et l'on dit qu'on le fera maréchal de camp et qu'il fera un régiment d'infanterie et l'autre de cavalerie ; je l'ai vu, et il me paraît fort content.»

Las! L'affaire n'alla pas plus loin. Louis XIV, encore échaudé par ses précédentes aventures avec le marquis, préféra la prudence. Il ne donna aucune suite à l'intervention de Condé. Et à l'automne de cette année 1674, Montespan rentra à Bonnefont sans aucun commandement, mais tout ragaillardi par sa nouvelle situation. Son différend avec le roi et son épouse était réglé. Une partie de ses dettes remboursée. Il avait regagné la faveur de Colbert, et l'héritage de son oncle, le duc de Bellegarde, archevêque de Sens, l'attendait à Bonnefont avec son fils, qu'il avait hâte de revoir.

Son premier soin fut donc d'entrer dans la nouvelle charge qu'il venait d'hériter. Il était désormais duc de Bellegarde et avec le titre, le marquis recevait le superbe château de Saint-Elix, où il décidait séance tenante de s'installer.

La tradition voulait que la construction de ce château,

dressé dans la plaine de la Garonne, près du village de Saint-Elix, fût attribuée à François Ier, qui en aurait fait don à la belle Diane de Poitiers. Une salamandre sculptée sous la mansarde, au milieu de la façade principale, accréditait cette légende et jusqu'en 1570, la seigneurie de Saint-Elix avait bien appartenu à la famille Potier. Elle était ensuite passée entre les mains des Bellegarde, sans que l'on sache si cela s'était fait par droit de succession ou par achat. Le seul acte dont on disposait, daté du 5 décembre 1588, était une procuration de messire Roger de Bellegarde devant Maître Jean d'Esteville, notaire royal, pour « la passation du contrat de transaction et accord entre Anne de Saint-Pol et Villemur, dame de Bellegarde, Termes et autres lieux, veuve de messire Jean de Bellegarde et son fils, Roger de Bellegarde, grand maître de la garde-robe du roi, capitaine de cinquante hommes d'armes ».

En fait, le premier acte où il était réellement question des propriétaires de la terre de Saint-Elix était daté du 7 janvier 1602. Catherine de Pardaillan, religieuse du couvent de Gopillon, donnait la seigneurie à messire Hector de Pardaillan, chevalier, seigneur de Gondrin, Montespan et autres places, son frère, et lui cédait en même temps tous les droits héréditaires et légitimes qu'elle aurait pu avoir pour le présent et pour l'avenir. Ce fut cette même année, le 27 juin, que le sieur Pardaillan épousa demoiselle Paule de Bellegarde, descendant des comtes de Comminges et grand-mère de Louis-Henry de Montespan. Le château était ensuite passé dans les mains de son oncle, le duc de Bellegarde, fils aîné puis archevêque de Sens. Comme il était mort sans descendance, la seigneurie de Saint-Elix revenait donc, de plein droit, à Louis-Henry.

Aux yeux du marquis, cette demeure entourée de quatre hautes tours rondes, dotée de magnifiques mansardes en pierre sculptée et de grandes et hautes fenêtres à meneaux de facture Renaissance, et qui différait des constructions du pays, symbolisait la puissance de la famille Pardaillan de Gondrin. Deux grands ponts jetés par-dessus les fossés carrés qui protégeaient le château en anoblissaient encore l'ensemble, dont il émanait une atmosphère guerrière et féodale. Louis-Henry décida d'investir les lieux.

Qu'il s'installât à Saint-Elix en Comminges lui permettait en outre de récupérer le titre de duc de Bellegarde même si, selon les lois de dévolution, ce rang ne lui revenait pas. Mais le marquis, en bon Gascon, savait forcer le destin. Le titre était dans la famille et, que diable, s'il désirait le porter, c'était pour pouvoir un jour le transmettre à son fils.

Dès son arrivée, et comme il l'avait fait pour Bonnefont et pour Beaumont, le marquis de Montespan entreprit de grands travaux de rénovation.

Un salon entièrement doré à la feuille, une magnifique salle de billard et une bibliothèque furent tendus de fines tapisseries. Il fit lambrisser la salle à manger de panneaux de chêne décorés de bas-reliefs représentant des paniers de fruits, des poissons et de délicates figures allégoriques tout à fait dans le goût du XVIIIe siècle. Il orna les chambres de cheminées rococo en marbre rouge, ouvrit les fenêtres des étages sur des balcons ourlés de somptueux fers forgés. Il fit aussi construire de vastes communs et de belles orangeries — les plus magnifiques de la région, que l'on venait admirer des quatre coins du Comminges. Enfin, incapable de résister à son penchant pour la provocation, il fit appeler Le Nôtre, qui travaillait encore aux jardins de Clagny, et lui manda de dessiner le parc et les jardins.

Ce fut une réalisation magnifique. Un roue puisait l'eau et l'entraînait à la hauteur du premier étage où, là, le jet semblait se suspendre en l'air avant de s'épancher dans un vaste bassin, puis de se répandre, par des canaux souterrains, jusqu'aux jardins et aux parterres.

Et quels parterres ! Mosaïques de fleurs rares, de couleurs contrastées où se succédaient les pétales et les boutons jusqu'à l'automne, sans discontinuer, comme une source de vie immarcescible et éblouissante. Crocus, jacinthes, narcisses, tulipes et jonquilles, au printemps, s'évanouissaient après que la floraison des pavots et des glycines, de l'enivrant jasmin, des pivoines et des hortensias se fut annoncée d'elle-même.

Des buis nains brodaient les plates-formes jusqu'aux jardins à thème, « à l'espagnole » quand ils jouaient avec les iris, « à l'anglaise » quand ils conduisaient les pas perdus vers des rosiers en guirlandes échevelées à l'assaut de charmilles, et jusqu'au parc de quarante-six hectares où s'ouvraient, altières et seigneuriales, les plus belles espèces d'arbres qu'on pouvait trouver en France.

Une pièce d'eau, tout en pierre, reflétait l'élégante silhouette du château et ses cours d'honneur.

La vie était douce et l'avenir s'annonçait plutôt limpide.

Louis-Antoine jouissait d'une santé de fer. Son précepteur le conduisait dans le parc pour de longues promenades propices aux cours de morale, de grec, de latin, de philosophie et de français auxquels le jeune garçon semblait prendre plaisir.

Louis-Henry aimait souvent se joindre à ces leçons quelque peu informelles. La concision de la pensée du précepteur, sa verve, sa puissance rhétorique auguraient pour lui un brillant avenir. Aussi, quelques années plus tard, lorsqu'il annonça au marquis que Madame de Sévigné, qui l'avait entendu lors d'un prêche à Saint-Germain, lui mandait de gagner Paris, Montespan ne fut pas étonné outre mesure. L'homme le méritait. Il finirait d'ailleurs académicien.

Deux ans passèrent ainsi, dans les visites du voisinage, les chasses à courre — la meute du marquis restait un sujet d'admiration pour tout le pays — et les grandes excursions à bride abattue dans tout le Comminges.

Louis-Antoine avait dix ans, et selon le vœu même du précepteur, son père dut songer à lui trouver un collège. Celui de Paris, où les élèves de la haute société étaient éduqués, lui paraissait le meilleur établissement possible. Il fit sa demande et, sans douter un instant du résultat, commença de préparer le trousseau de l'enfant.

Hélas, il se trompait. Le roi craignait encore les frasques du marquis. A Paris l'affaire des Poisons commençait d'éclater, un scandale dans lequel Françoise-Athénaïs était trop compromise pour ajouter à ses embarras auprès du roi ceux de visites intempestives.

Louis-Henry en ressentit une grande amertume. Comment ! Après tout ce qu'il avait enduré, après toutes les plaintes et les pressions qu'il avait subies, son épouse se méfiait encore de lui ! La belle marquise poussait ses craintes jusqu'à obstruer la route qu'il traçait vaille que vaille pour leur fils ?

Le cœur plein de ressentiment, il dut pourtant se faire une raison. Il plaça Louis-Antoine chez les Jésuites, non loin de Moulins, où il possédait, par sa mère, la vicomté de Murat. Le jeune marquis d'Antin fut logé au château de Pomay, à quelques kilomètres de la ville, auprès de la mère du surintendant Fouquet que l'on tenait toujours enfermé à Pignerol où il était condamné à vie. Madame de Sévigné, vieille amie de la famille, y faisait halte quand elle se rendait à Vichy et la compagnie de Louis-Antoine l'amusait fort.

« Il a dix ans, il est beau et spirituel. Son père l'a laissé chez ces dames en venant à Paris », écrivait-elle. C'est à peu près à cette époque, ce que ne sut jamais l'enfant, que

Madame de Montespan passa elle aussi à Moulins. Bien que sachant parfaitement où résidait son fils, elle n'exprima ni l'envie ni le désir de le voir, tant elle était pressée de gagner Bourbon-l'Archambault, station thermale fort prisée en ces temps.

Malgré les injonctions de Colbert et les recommandations comminatoires du roi, Louis-Henry avait décidé, dès le début de cette année 1678, de se rendre à nouveau à Paris. Des affaires urgentes l'y attendaient, à la clé desquelles un titre, des terres, des rentes et la reconnaissance de tous étaient à cueillir.

Il s'agissait du procès de succession du duc d'Epernon, un héritage que plusieurs lignées nobiliaires se disputaient âprement. Mais le marquis en était, sans conteste, du moins le pensait-il, l'unique et légitime successeur.

Le 25 juin 1662, avec la mort de Bernard de Nogaret et de Foix, duc d'Epernon, de la Volette et de Cantale, décédé sans héritier, le duché-pairie d'Epernon avait cessé d'être personnifié. Le neveu du duc, Louis de Goth, marquis de Rouillac, l'un des hommes les plus influents de son époque, se porta héritier bénéficiaire de son oncle, et en même temps successeur de sa dignité. Il se présenta pour être reçu en 1662. Mais les pairs de France, et parmi eux Monsieur de La Rouchefoucauld, refusèrent son admission. Le litige passionna la chambre, et les débats et délibérations absorbèrent plusieurs audiences, houleuses et animées. Lassé, le marquis de Rouillac fit surseoir le jugement, qui ne fut renoué qu'à sa mort, par son fils, sans que celui-ci en vît la fin, faute de vivre assez longtemps.

La fille de ce dernier décida de relancer l'instance puis, après avoir résolu de prendre le voile et de renoncer à tous les biens matériels, titres et fortune, elle passa ses droits à Louis de Pardaillan de Gondrin, au cours d'une transaction assez obscure menée, en 1667, par Chrestienne de Zamet et la maison de Foix.

Le procès durait maintenant depuis des lustres. A son tour, à la mort de sa mère, le marquis de Montespan, qui représentait les droits de son fils, le marquis d'Antin, avait décidé la poursuite de l'affaire, malgré toutes les complications dans lesquelles elle semblait s'enliser. En effet, l'une des parties s'était adressée à la grand-chambre du Parlement de Paris, l'autre à la première chambre des Requêtes de ce même Parlement. Entre les deux corps, un conflit de compétence et d'honneur s'était tout naturellement instauré, et le cas s'éternisait, au grand préjudice des plaideurs.

L'arrivée dans la capitale du marquis débloqua, provisoirement et accidentellement, le cours judiciaire. On était au mois de mai. Le roi se trouvait au camp de Deinse, en Belgique, dans une nouvelle campagne. La dépêche, mandée par Louvois qui lui annonçait la présence à Paris du fâcheux mari, n'amusa point le souverain, qui prit aussitôt sa plume et rédigea une mise en garde intempestive à Colbert :

«J'oubliai de vous dire en passant que Monsieur de Montespan étant à Paris, il serait bien à propos d'observer sa conduite. C'est un fou capable de faire de grandes extravagances. Je désire donc que vous fassiez voir ce qu'il fait, quelles gens il hante, quels discours il tient. Enfin, soyez le plus instruit que vous pourrez de ce qu'il fait, et quand il y aura quelque chose qui vous paraîtra considérable, vous me le ferez savoir.»

L'ordre n'enchanta pas Colbert, qui avait d'autres chats à fouetter et qui trouvait ce fantasque marquis, pour qui l'honneur n'était pas un vain mot, plutôt sympathique. Ce sentiment instinctif contre lequel il lui était difficile de lutter était encore renforcé par la rage que mettait Louvois à vouloir sa perte. C'est que par un curieux hasard, Louvois, son ennemi juré, ne trouvait, dans cette funeste affaire des Poisons, des suspects que chez les amis de Colbert... Cela faisait enrager le ministre auquel cette histoire de Chambre ardente déplaisait grandement. Comme lui déplaisait la délation du marquis par Louvois. De Sceaux, il répondit à Louis XIV, le 24 mai 1678 :

« Je reçus hier, Sire, le billet de Votre Majesté du 17, et j'exécutai ponctuellement ce qu'il plaît à Votre Majesté de m'ordonner sur le sujet de Monsieur de Montespan. Sur quoi, je crois bon qu'elle soit informée qu'il y a environ trois ou quatre ans qu'elle m'ordonna de tenir la main qu'un procès qu'il avait au parlement fût jugé pour lui ôter cette raison ou ce prétexte de demeurer à Paris. J'exécutai l'ordre de Votre Majesté ; son procès fut jugé, et il se retira, comme je crois.

« Il y a environ quinze jours qu'allant voir Monseigneur l'archevêque de Sens sur le sujet de l'abbaye du Lys que Votre Majesté a bien voulu accorder à ma sœur, en sortant, Monsieur de Montespan m'aborda et me pria de recommander une seconde à Monsieur de Novion un procès qu'il avait, dont il attendait le jugement pour se retirer dans sa province, ce que je n'ai point fait, parce que je ne crus pas devoir me mêler des affaires sans ordre.

« Si Votre Majesté estimait nécessaire de faire cette diligence auprès dudit sieur de Novion, peut-être qu'il se retirerait ensuite ; cependant, j'exécuterai l'ordre de Votre Majesté. »

Le 28 mai 1678, soit quatre jours plus tard, la réponse royale arrivait du camp de Nuder :

« Vous pouvez faire dire un mot au juge pour qu'il termine les affaires de Monsieur de Montespan, afin qu'il parte plus tôt. »

Les ordres du roi ne se discutaient pas. Le 11 juillet de

la même année, un arrêt du Conseil du roi enlevait au Parlement la connaissance de l'affaire et toutes les contestations qui s'y rapportaient, « attendu qu'il est du bien commun des parties qu'elles soient promptement expédiées et qu'il n'y a point de voie plus prompte que de leur nommer des commissaires pour juger en dernier ressort », le roi « évoquait à soi et à son conseil » toutes les contestations.

Cinq commissaires — Messieurs de Bezons, de Fieubet, Le Pelletier, Pomereu et d'Argouges — et deux avocats auprès du Parlement — Messieurs Le Verrier et Hérot — furent effectivement commis pour connaître et décider du litige.

Colbert annonça la chose au marquis, ainsi que la volonté du roi de voir le fâcheux regagner ses terres. Louis-Henry vit rouge ! Pourquoi s'acharner à l'exiler ainsi ! Il était fort bien logé, à l'hôtel de La Guette, rue du Four, sur le faubourg Saint-Germain, et ne tenait pas à repartir de sitôt ; son fils était au collège de Moulins, et c'était bien assez.

On le pressa, il se fâcha, disant, à sa vieille habitude, ce qu'il pensait de la magnanimité de son souverain. Les espions de Nicolas de La Reynie, d'autant plus sur le qui-vive qu'ils enquêtaient pour la Chambre ardente, se firent un plaisir d'en informer le roi. Celui-ci, de retour à Saint-Germain-en-Laye, à la suite d'une pointe sur la Lorraine qui avait fait diversion et lui avait permis de se retrouver brusquement sur la Belgique où il avait rejoint ses armées, après avoir pris Gand et Ypres, comptait bien, maintenant, jouir de toutes les douceurs d'un repos bien mérité. Allait-il se laisser berner par un Gascon aussi insolent qu'intraitable et qui n'hésitait pas à le critiquer en public ?

« Il me revient, écrit-il aussitôt à Colbert, que Montespan se permet des propos indiscrets. C'est un fou que vous me ferez le plaisir de faire suivre de près; et pour que le prétexte de rester à Paris ne dure pas, voyez Novion, afin qu'on se hâte au Parlement.

«Je sais que Montespan a menacé de voir sa femme. Comme il en est capable, et que les suites seraient à craindre, je me repose encore sur vous pour qu'il ne paraisse pas.

«N'oubliez pas les détails de cette affaire, et surtout qu'il sorte de Paris au plus tôt.»

Or, malgré l'intervention du roi, l'affaire n'avançait pas beaucoup et le marquis prit le parti de saisir l'aubaine : le procès lui offrait une excellente occasion de revenir à Paris tant qu'il le désirait, et d'y continuer ses affaires et d'y entretenir ses amitiés qu'il avait de plus en plus nombreuses. On contait qu'à la Cour, «Quanto», c'était le nom de code de Françoise-Athénaïs dans les correspondances de la marquise de Sévigné et de Fénelon, entrait dans une ère de déclin. Quant au marquis, il ne perdait toujours pas de vue l'arrivée de son fils à la Cour... Il revint donc à Saint-Elix.

Sage décision, le procès de succession du duché-pairie d'Epernon ne se termina qu'en 1700, et au préjudice de Monsieur de Montespan...

XIV

Le dernier rendez-vous

De son côté, la marquise était entrée en inquiétude. Françoise-Athénaïs s'exaspérait contre le roi, tombé amoureux fou de la stupide petite Mademoiselle de Fontanges, qu'elle avait inconsidérément jetée dans ses bras afin qu'il s'écartât de la gouvernante de ses enfants, Françoise d'Aubigné, veuve Scarron, perfide et hypocrite, enfin entrée, à force de manœuvres et de sourdes manigances, dans les faveurs du roi. Désormais, Louis passait chaque soir une heure à s'entretenir avec elle, sous le prétexte d'embrasser sa progéniture. Pour remercier les soins vigilants de la belle Indienne, le souverain lui avait d'ailleurs offert le marquisat de Maintenon.

Pour la favorite, l'affront était double. D'un côté son royal amant se conduisait comme un jeune homme avec Mademoiselle de Fontanges, s'échappant avec elle en d'interminables chevauchées pour filer le parfait amour, la couvrant de cadeaux et de libéralités; et de l'autre, il n'avait pas hésité une seule seconde à donner à la gouvernante de ses enfants le même titre que le sien, elle, une Mortemart !

A la Cour, on se gaussait, et l'aigreur de Françoise enflait à proportion du bruit des nouvelles amours du roi. Françoise exigea donc ce qu'elle demandait depuis des lustres : un titre de duchesse qui la mît au-dessus de la « gouvernante » et aux côtés de Louise de La Vallière, l'exilée.

Ce fut à Bourbon, où elle prenait les eaux, qu'elle vit enfin son souhait se réaliser. Le roi lui avait écrit ! Son cœur battit la chamade et son bonheur ne fut pas entaché par ce qu'augurait cette royale faveur : le souverain n'était jamais si généreux qu'au moment des ruptures.

« Quant à vous, ma chère amie, vous allez être Duchesse. Faites savoir à Monsieur de Montespan que son marquisat va être érigé en duché-pairie et que j'y ajouterai le nombre de seigneuries convenables, ne voulant pas déroger à l'usage. »

Toute à son bonheur, la marquise ne douta pas un instant de la réussite de l'entreprise. Le marquis plaidait bec et ongles pour l'héritage du duc d'Epernon, il n'hésiterait pas à recevoir ce duché, tombé du ciel, avec toutes les rentes y afférentes. Elle manda aussi une épître à son vieil ami, le chevalier anglais Hyde, le suppliant pour qu'il voulut bien se mettre en route pour Saint-Elix, afin d'annoncer la bonne nouvelle à Montespan.

Hélas pour elle, Louis-Henry n'avait en rien modifié sa conduite. Il reçut le chevalier avec tous les honneurs dus à son rang, lui dit qu'il allait réfléchir et rédigea d'un trait une admirable lettre qui disait :

« Je suis sensible, Milord, autant que je le dois à l'honneur que vous avez bien voulu me faire, et cependant, permettez-moi de trouver étrange qu'un homme de votre importance ait voulu se mêler d'une semblable négociation. Sa Majesté le Roi de France ne m'a pas consulté lorsqu'il a voulu faire de mon épouse sa maîtresse, il est assez extraordinaire qu'un aussi grand prince attende aujourd'hui mon intervention pour récompenser une conduite que j'ai improuvée, que j'improuve, que j'improuverai jusqu'à mon dernier soupir. Sa Majesté a fait huit ou dix enfants à mon épouse sans m'en dire un mot : ce prince peut bien lui faire présent d'un duché sans m'appeler pour cela à l'aide. D'après les lois divines et humaines, le Roi devrait punir Madame de Montespan et au lieu de la châtier, il veut la faire Duchesse. Qu'il la fasse Princesse et même Altesse s'il le veut. Il a toute puissance. Je ne suis qu'un roseau, il est un chêne.

« Si Madame de Montespan rêve les ambitions, la mienne est depuis quarante ans satisfaite. Je suis né Marquis, je mourrai Marquis, à moins d'une catastrophe imprévue. »

L'insolence était absolue, l'orgueil éclatant, la bravoure et le sens de l'honneur inscrits sous chaque mot... Et puis il y avait tout au long de la missive ce frémissement de plaisir qu'avait ressenti Louis-Henry en imaginant la colère du roi devant pareil affront, et la rage de son épouse, l'orgueilleuse Mortemart, condamnée à demeurer marquise !

« Mademoiselle de Fontanges est Duchesse avec 20 000 écus de pension, relata la malicieuse Madame de Sévigné, dans une lettre à sa fille. Madame de Montespan est enragée. Elle pleura beaucoup hier, vous pouvez juger du martyre que souffre son orgueil qui est encore plus outragé par la faveur de Madame de Maintenon. »

Du martyre, qui n'était guère dans les habitudes de la marquise, à l'idée de la revanche qui lui correspondait mieux il n'y avait qu'un pas : ce qu'elle n'avait pu obtenir pour elle, elle décida donc de l'obtenir pour son fils, le duc du Maine, le fils adoré du roi, titré mais sans bel héritage. Or la Grande Mademoiselle, qui n'avait pu épouser le duc de Lauzun, continuait de faire sa cour à Françoise-Athénaïs pour faire libérer son grand amour de Pignerol où il était toujours enfermé. Envers et contre toutes et tous, elle continuait de l'aimer et de vouloir devenir son épouse.

La Grande Mademoiselle, fille de Gaston d'Orléans, vierge folle et chargée de quarante-cinq printemps, n'avait pas d'héritier, mais un fort bel héritage. Minée par l'absence de son amant de cœur, Mademoiselle de Montpensier finit donc par céder aux instances de la marquise.

« Je me résolus enfin à faire du duc de Maine mon héritier, pourvu que le Roi voulût faire revenir Monsieur de Lauzun et consente que je l'épousasse. »

Lauzun sortit en effet, le cœur plein de rage contre Madame de Montespan, qu'il accusait à juste titre d'être la cause de sa défaveur. Il courut aussitôt chez son cousin et compagnon d'un sort funeste, pour ouvrir son cœur et déverser l'aigreur qu'il avait contre Françoise.

A Saint-Elix, au retour de leurs parties de chasse, les deux hommes parlèrent beaucoup, s'échauffant à l'évocation des pressions et des saisies de corps dont ils avaient été victimes, payant là un tribut fort lourd aux amours honteuses de Françoise. Le vin liait leurs propos et déliait leurs langues. Louis-Henry, qui déjà avait conté l'histoire de l'érection de son marquisat en duché, et la réponse qu'il avait sitôt mandée à la marquise, se leva alors, tandis que son cousin hoquetait de rire. Il avait mieux. Un pastiche de testament qui, il en était certain, la rendrait folle si elle en prenait connaissance.

« N'ayant pas à me louer d'une épouse qui, se divertissant autant que possible, m'a fait passer ma jeunesse et ma vie dans le célibat, je me borne à lui léguer mon grand portrait peint par Bourdon, la priant de le placer dans sa chambre lorsque le Roi n'y entrera plus. Quoique le marquis de Pardaillan d'Antin ressemble prodigieusement à sa mère, je ne balance point à le croire mon fils. En cette qualité, je lui lègue et laisse tous mes biens à titre d'aîné. Je laisse à Leurs Altesses Monsieur le Duc du Maine, Monseigneur le Comte de Toulouse, Mademoiselle de Nantes, Mademoiselle de Blois (nés pendant mon mariage avec leur mère et conséquemment mes filles et fils présumés) leur légitime comme de droit à la charge et condition de porter le nom de Pardaillan de Montespan.

« Je lègue et donne au Roi mon vaste château de Montespan, le suppliant d'y instituer une communauté de dames repenties, à la charge et condition spéciale de mettre mon épouse à la tête de ce dit couvent et de l'y nommer première abbesse.

« De Pardaillan de Gondrin Montespan, époux séparé quoique inséparable. »

Ce n'était pas un pastiche, c'était un pamphlet, un soufflet monumental au visage de Louis, et à celui de Françoise. Launzun n'y put résister. Il roula le parchemin et le glissa dans ses basques, sûr qu'il aurait très bientôt l'occasion de s'en servir et de se venger.

*

Lauzun parti, le marquis reprit ses affaires. L'année touchait à sa fin et il avait pris la décision d'inscrire son fils à Juilly, où il pourrait recevoir l'éducation réputée des Oratoriens. Il quitta donc son château, fit une halte chez son cousin dont la mère l'avait prié « à venir faire le seigneur de campagne ». Puis il installa Louis-Antoine à

Juilly et continua sa route vers la capitale. Là, il reprit ses habitudes, fréquentant les salons des Richelieu et ceux du prince de Condé, divertissant les dames par ses mots, son humour et sa galanterie. On savait maintenant que le roi ne couchait plus avec la favorite. L'affaire des Poisons, si elle n'avait pu établir la culpabilité de la marquise, l'avait fort discréditée dans l'opinion et l'esprit du souverain. La ravissante et sotte demoiselle de Fontanges était morte mystérieusement, et la marquise de Maintenon avait pris sa place. On craignait beaucoup moins l'influence de Françoise, et les sympathies pour Monsieur de Montespan s'affichaient sans vergogne.

Louis-Henry occupait donc un bel appartement, rue de Tournon, sur la paroisse Saint-Sulpice, où il recevait à son tour, jouait au lansquenet, au billard et brillait en belle compagnie.

C'est au cours de cette année 1679 que Louis-Antoine tomba malade. Affolé par sa fièvre et son affaiblissement, les Oratoriens jugèrent opportun d'avertir son père, lequel, terrifié à l'idée de perdre son fils, le fit immédiatement venir à Paris pour qu'il y fût soigné par les meilleurs médecins. A la Cour, où la moindre nouvelle se disséquait des jours entiers, le bruit s'en répandit comme une traînée de poudre, et parvint jusqu'aux oreilles de Françoise. Qu'éprouva-t-elle en son cœur ? Sa déchéance, son retour progressif vers la religion ranimèrent-ils une étincelle d'amour maternel ? Elle qui jamais ne s'était préoccupée de cet enfant, exprima le désir de le voir. De nouvelles négociations s'engagèrent donc, par la voix d'intermédiaires, avec le marquis.

Montespan hésita, réfléchit, commença par refuser puis, au chevet de cet enfant de quatorze ans, pâle, amaigri par la fièvre, capitula. Pouvait-il l'empêcher de connaître sa mère ? Il lui ressemblait tellement !

« La maladie continuant, raconta Louis-Antoine dans ses Mémoires, Madame de Montespan vint m'y voir. C'est la première fois que j'avais ce plaisir-là ; mais les raisons de cour l'empêchèrent de me voir davantage, dont je fus extrêmement mortifié. »

Une rencontre qui s'était passée en cachette du roi et en l'absence du mari, certes, mais qui fut pourtant fort bénéfique au jeune marquis d'Antin. Montespan, en effet, caressait toujours l'espoir que son fils pût entrer au collège Louis-le-Grand, tenu par des jésuites, afin qu'il y suive une année de rhétorique et deux années de philosophie. Françoise-Athénaïs, revenue de tout, trahie par son royal amant et par la marquise de Maintenon, qu'elle avait crue son amie, avait décidé de s'occuper enfin de ce premier enfant, son seul fils légitime. Elle l'avait trouvé très séduisant, avec sa taille élancée et de fort beaux yeux qu'il tenait d'elle et que traversaient quelques lueurs de bravoure qui n'étaient pas sans rappeler son père. Elle demanda au roi, que ses nouvelles amours apaisaient, l'autorisation tant souhaitée par le marquis et l'obtint.

Louis-Henry, heureux, repartit pour Saint-Elix. Son fils restait à Paris et c'était une occasion de plus, avec le procès d'Epernon qui s'y poursuivait, d'y revenir souvent pour suivre avec attention les progrès du marquis d'Antin. Celui-ci, après les Jésuites, entrerait dans une académie militaire où l'on enseignait l'équitation, l'escrime, la danse, les mathématiques, la cartographie et où il se distinguerait un jour dans l'art de concevoir les fortifications.

Pendant ce temps, Louis-Henry continuait de s'entretenir avec son cousin, le duc de Lauzun, de nouveau en pleine faveur à la Cour... mais brouillé avec la Grande Mademoiselle que le roi n'avait toujours pas autorisée à convoler.

Ce fut à cette époque que ce turbulent et facétieux

personnage décida de se venger de Françoise, profitant d'un quiproquo dont il sut tirer tout l'avantage.

Le notaire de Saint-Elix avait mandé une lettre au jeune marquis d'Antin. La missive, fort embrouillée, semblait annoncer la mort de son père. Louis-Antoine fut aux cent coups. Affolé, il décida de prendre toutes les mesures pour commémorer dignement la mort de cet homme « qui l'avait toujours entouré de ses soins attentifs ».

« Il fit draper ses équipages et les miens, raconta la marquise de Montespan dans ses Mémoires. On se hâta d'habiller tous nos gens de pied en cap, et le service funèbre à grand appareil fut commandé à la paroisse. Ce jour-là même, comme le cortège de famille allait se mettre en marche, une manière de sergent, vêtu de noir, remit une nouvelle lettre au marquis d'Antin, elle renfermait ces paroles :

« "Le notaire de Saint-Elix mériterait une prébende au chapitre de Charenton. Ce n'est point le marquis de Montespan qui est mort, c'est son jardinier. On a fait méprise. Il n'y a de vrai dans tout cela que le testament dont le notaire de Saint-Elix s'est trop pressé d'envoyer la copie." »

La copie du testament était jointe en effet. C'était pour Lauzun l'occasion inespérée de laisser libre cours à sa vengeance contre la marquise. Sans plus attendre, il fit publier la copie de l'autre testament qu'il avait en sa possession, ce qui déclencha, à la Cour et à Paris, un énorme éclat de rire. Les amis du Gascon se gaussèrent fort haut, émerveillés par tant d'audace et d'insolence, tant de provocation aussi. Les ennemis de Françoise-Athénaïs en répétèrent les termes à la cantonade, heureux d'annoncer aussi violemment, et dans un tel ridicule, la chute de Quanto. On recopiait le texte, on se le passait, on le répandait à profusion, on en faisait lecture dans les salons, riant des dispositions, applaudissant à tout rompre.

Le seul qui ne jugea pas l'affaire plaisante fut le roi. Les vérités étalées sur son compte ne le blessèrent pas. Il y avait beau temps que Bossuet et Fénelon l'exhortaient au repentir, soulignant, dans leurs sermons, ce péché d'adultère. Mais le codicille ternissait l'honneur de ses enfants, et cela, il ne pouvait le supporter.

« Le roi en fut instruit et me dit, continuait la marquise dans ses Mémoires : dites au marquis d'Antin d'aller à Saint-Elix présenter mes respects à son père. Ce voyage le mettra à même de savoir si un testament aussi ridicule existe en effet, et si votre mari s'est émancipé jusque-là, d'Antin le priera de ma part de déchirer cet écrit et de mériter par là ma bienveillance. »

Louis XIV soupçonnait fort Lauzun d'être l'un des instigateurs de cette méchante farce, mais ce qui était demandé fut fait. Le marquis de Montespan, recevant l'équipage de son fils à Saint-Elix, sourit du tour, calma les inquiétudes de Louis-Antoine puis le renvoya à Paris reprendre ses études.

« La bienveillance du roi » tenait plus à la forme qu'au fond. Louis XIV ne parvenait pas à oublier l'amertume de la farce. Il était temps de cesser toute magnanimité. L'envie le démangeait d'infliger une bonne leçon au Gascon et de lui rappeler qui régnait et quels étaient ses pouvoirs : deux semaines plus tard, il confisquait au marquis, par arrêté royal, la magnifique seigneurie en Gâtinais que Louis-Henry avait reçue dans l'héritage de son oncle, le duc de Bellegarde, pour l'offrir... à la marquise de Montespan !

Mais la fraternité et la complicité des deux cousins, ces Gascons intraitables, étaient telles, qu'Athénaïs, que cette dernière affaire avait encore écartée du roi Louis XIV et même de Madame de Maintenon, tremblait dès que Montespan s'annonçait à Paris.

Il s'était maintenant installé à l'hôtel de Sens, rue et paroisse Saint-André-des-Arts, qu'il avait hérité de son oncle, et y menait grand train.

« Soyez sur vos gardes à Paris, écrivait Madame de Maintenon à son frère d'Aubigné, terrible et compromettant personnage, ne voyez guère Monsieur de Montespan, ni Monsieur de Lauzun ; on dira que vous cherchez les mécontents. Allez à l'opéra, allez voir Saint Basile, voyez Monsieur de Lusignan. Divertissez-vous ; ne jouez guère ; voyez le père Bourdaloue et Monsieur Gobelin ; confessez-vous et venez passer la Toussaint ici ; vous entendrez le père Bourdaloue ; vous verrez le roi faire ses dévotions, ce qui en donne aux plus libertins. » Le programme était strict, comme on le voit !

C'est que les relations entre le marquis et son épouse restaient très mauvaises. Ces deux-là ne s'entendaient que sur l'avenir de Louis-Antoine, auquel la marquise allait obtenir pour ses dix-huit ans un brevet de lieutenant à la compagnie colonelle du régiment du roi, réalisant de surcroît le rêve du père et celui du fils en le faisant admettre à la Cour. Il y fut présenté, fort officiellement, lors des chasses de Fontainebleau l'année suivante et, grâce à l'intervention de Madame de Maintenon, nommé menin de Monseigneur le dauphin. Désormais, le jeune homme pouvait attacher ses pas au prince et en obtenir les faveurs. Il avait l'esprit vif, une éloquence naturelle née des exercices de rhétorique auxquels son précepteur l'avait rompu, une mémoire infaillible et une féroce ambition. Comme sa mère vingt ans plus tôt, il était devenu la coqueluche des familiers du Grand Dauphin. Sa faconde charmait. Sa flagornerie faisait mouche.

Un jour qu'il rentrait de chasse en compagnie du

dauphin, le jeune marquis tomba avec son cheval, et l'animal, en se relevant, lança un coup de pied qui l'atteignit à la tête. Aussitôt informée, Françoise-Athénaïs envoya sa calèche et son chirurgien chercher le blessé, qui fut ramené à Clagny, où elle séjournait de plus en plus souvent. Louis-Antoine saignait beaucoup. A demi inconscient, il délirait si fort que la marquise s'installa à son chevet pour le veiller.

Dès la nouvelle de l'accident, le marquis s'alarma à son tour. Il voulut voir son fils, se renseigna partout où il le put, et apprit que le garçon était chez sa mère. Le marquis annonça son intention d'aller à Clagny mais, si légitime que fût cette prétention, elle inquiéta la marquise. Que dirait le roi? Que ferait le marquis en découvrant ses enfants, qui résidaient sous son toit?

Affolée, craignant le pire, Françoise dépêcha son chapelain et le chargea de déconseiller cette démarche au marquis. Docile, le religieux prit une voiture et partit au grand galop à la rencontre de Louis-Henry qu'il trouva près du pont de Sèvres.

L'entrevue fut orageuse, épouvantable. Dès que l'ambassadeur, avec tous les ménagements dont il était capable, annonça le refus de la marquise, et sa volonté de rester seule au chevet du blessé, le sang du Gascon gonfla ses veines. Il jura, s'emporta, pesta avec une violence effroyable devant le chapelain qui, loin d'en être désarmé, se servit de cette rage comme du meilleur des arguments. « Quoi! lui dit-il, dans les dispositions où vous êtes, comment vous présenteriez-vous à votre fils? Votre humeur, votre vue pourraient être préjudiciables à sa santé. Et votre fils appréhende que cela ne fît une entrevue désagréable avec sa mère. »

Dépité, le marquis, en maugréant, finit par se rendre à ces raisons. Mais l'inquiétude le rongeait. Le sort l'avait déjà cruellement touché : il avait perdu, fort jeune, ses deux frères et sa sœur, enterré sa mère, son oncle et protecteur l'archevêque de Sens, sa petite fille. Sa femme l'avait quitté...

Il se sentait soudain très seul. Ses frasques avaient entretenu l'illusion, depuis quelques années, d'une vie bien remplie. Mais cet accident lui faisait prendre conscience de l'extrême dénuement moral où il se trouvait. Pour la première fois de sa vie, il avait peur; une crainte irraisonnée et incompressible l'agitait de tremblements. Quoi que lui eût dit le chapelain, quelles que fussent ses paroles réconfortantes, il craignait que le mal n'empirât.

Plutôt que de retourner, seul, chez lui, il choisit de demeurer toute la nuit à Sèvres, dans une méchante auberge où les rires des manants qui s'enivraient lui parvenaient comme autant d'insultes à travers les planches disjointes du plancher. Il resta là, malgré l'inconfort et l'indigence de la nourriture, jusqu'à ce qu'il y reçût des nouvelles rassurantes.

Alors seulement, il retourna à Paris, « après avoir dit bien des folies », donnant cours à tout son ressentiment de n'avoir pu embrasser Louis-Antoine. Chaque incident, chaque geste de sa vie le placerait donc au cœur de cet adultère qui le poursuivait comme une malédiction. Comment allait-il réagir lorsque, quatre mois plus tard, le jeune marquis étant complètement rétabli, la marquise jugea qu'il était temps de le marier ? Elle avait choisi pour lui un beau parti : Julie-Françoise de Crussol, fille aînée d'Emmanuel de Crussol, duc d'Uzès, premier pair de France, prince de Soyon, lieutenant général pour le roi des provinces d'Angoumois et Saintonge, et de Julie-Marie de Sainte-Maure, duchesse d'Uzès, et petite-fille du duc de Montausier, ami du marquis. La jeune fille avait dix-sept ans. Elle était fraîche mais peu jolie. Ses traits « étaient déjà mous et empâtés, et elle arborait une dentition peu conforme à sa beauté», relatait Monsieur de Sourches.

Et bien entendu, l'alliance ne plaisait pas à la famille de la jeune duchesse. Comment leur fille pouvait-elle épouser le fils d'une hétaïre déchue et d'un Gascon qui n'était riche que de ses dettes et de ses scandales ? On protesta auprès du roi, on fit part publiquement du chagrin que l'on éprouvait à l'idée de ce mariage. On argua qu'une telle alliance donnerait sujet de mordre à la médisance. «Je verrai», répondit le roi au sortir de son conseil, usant là de son mot le plus célèbre.

Françoise-Athénaïs ravala la vexation mais ne céda pas. Elle était maintenant très seule à la Cour, mais savait, avec l'expérience, voir sous la splendeur des costumes et l'or des compliments des trahisons de toutes sortes, et les écarter de ses mots durs et drôles. Ainsi, avec l'aide du roi, qu'elle voyait encore presque chaque jour, elle imposa ses vues.

Le duc d'Uzès dut capituler, à la seule condition «de ne pas verser un sol de dot». L'unique promesse qu'avancèrent les parents fut de coucher le jeune ménage sur leur testament, à concurrence de cinquante mille écus.

Le duc de Montausier, plus généreux, offrit de son côté vingt mille écus aux époux et la lieutenance générale du roi en Haute et Basse Alsace, qui rapportait huit mille écus de rente au marquis d'Antin. Quant à Madame de Montespan, elle «se contenta de me donner deux mille écus de pension», maugréa d'Antin dans ses Mémoires. Le jeune marquis omettait d'ajouter que Françoise avait fait aménager pour le jeune couple un appartement à Versailles, dans l'une des meilleures ailes du château, où elle les reçut en personne, entourée de ses demoiselles d'honneur et du dernier carré de sa cour, offrant à sa belle-fille pour quarante mille livres de présents et de pierreries.

Dans le salon, elle avait fait édifier «un grand bassin

plein de tout ce qui se peut servir à une dame, de rubans, d'éventails, d'essences, et de gants, et une fort belle parure d'émeraudes et de diamants».

Le marquis de Montespan, venu signer le contrat, n'offrit rien. Il avait quelques terres et peu de liquidités. Il signa le contrat, n'y couchant que son nom et ses titres, et s'écarta du groupe.

Il était tendu. L'idée — inévitable — de revoir sa femme après tant d'années le préoccupait. Curieusement, maintenant qu'il entendait autour de lui les rumeurs de sa chute, la description des souffrances qu'elle endurait devant la fuite des courtisans si attachés à ses pas hier encore lui faisait éprouver un sentiment de tendresse et de compassion pour elle. Elle, si sollicitée par le passé, qui était maintenant obligée de mendier ses faveurs à Louis, par l'entremise de son ennemie mortelle, Madame de Maintenon. Il songeait avec un fond d'écœurement aux façons de ces gens-là, à leur bassesse, à leurs jalousie maladives. Le désir de se maintenir, l'impatience de s'élever, l'entêtement de se pousser et la crainte de déplaire broyaient les consciences, avilissaient les âmes. Il se félicita en secret de n'avoir pu, par la force des choses, éduquer son fils dans cette atmosphère frelatée. Louis-Antoine ne montrait que trop une inclination naturelle à l'obséquiosité et semblait déjà fort doué pour le métier de courtisan. Comment aurait-il tourné sans le rigoureux encadrement de son précepteur, loin des bruits de Versailles ?

Le mariage eut lieu à l'hôtel de Rambouillet, le 6 août 1686. Après la messe, dite à Versailles, la marquise, radieuse, espérait ses nombreux invités. Elle avait fait dresser une table fastueuse, supportant seize pyramides de fruits et de confiseries et les plus beaux bouquets que l'on pût admirer à Versailles. Deux orchestres devaient donner les dernières compositions de Lully. Dans les salons, des tables de jeu et de billard attendaient la foule brillante que l'on avait conviée.

Louis-Henry, en retrait, l'observait, et malgré la turbulence de son cœur, il cédait à l'admiration : sa femme avait grossi, mais son visage avait gardé toute sa fraîcheur ; ses dents, quand elle souriait, étincelaient comme des perles. Elle était vêtue d'une robe somptueuse, rouge comme une rose d'Orient, toute rebrodée de perles et de pierres. Aux manches et au col, qui dégageait une gorge toujours magnifique, moussaient six rangs de dentelles fines. Dans ses cheveux s'entrelaçaient des rubans et des rubis. Madame de Montespan, par son éclat, éclipsait sa belle-fille.

Fiévreuse, elle attendait le souverain. Les heures passaient. Dans les grands vases de porcelaine, les lys commençaient de se faner. Les valets étouffaient des bâillements. Personne ne vint, ni le roi, ni le Grand Dauphin, ni aucun membre de la famille royale. Madame de Maintenon était passée par là.

Le marquis resta muet. Il n'avait pas adressé la parole à Françoise-Athénaïs, qui tentait, malgré sa rage et son désarroi, de masquer ses sentiments. Son orgueil capitulerait-il un jour ? Louis-Henry tourna les talons et s'éclipsa discrètement. Il regagna l'hôtel de Sens, où il prépara ses bagages pour rentrer à Saint-Elix. Ce fut la dernière fois qu'il vit Françoise-Athénaïs.

XV

L'honneur retrouvé du marquis de Montespan

Et pendant cinq longues années, Françoise-Athénaïs dut contempler inexorablement les effets de son déclin annoncé à la Cour. Elle regarda avec colère la dévote et silencieuse marquise de Maintenon prendre chaque jour un peu plus d'ascendant et triompher par son mariage morganatique avec le roi. La présence de ses enfants — Madame de Montespan en avait eu huit avec le roi, dont six vivants et légitimes — lui accordait à la Cour, pensait-elle, une longévité incontestable. Elle continuait donc de dépenser, de faire grand bruit, de se déplacer de son château de Clagny à celui de Versailles. Elle refusait de céder du terrain, luttait pied à pied contre cette épouse de l'ombre dont l'hypocrisie la mettait hors d'elle.

En mars 1691, alors qu'elle était tranquillement à Clagny — le duc du Maine vivait maintenant à Versailles et le comte de Toulouse était parti pour Mons faire le siège avec son père, Louis le Grand —, Françoise apprit avec stupéfaction qu'on lui enlevait sa fille, Mademoiselle de Blois, qui avait à peine douze ans et résidait avec elle. La nouvelle la cingla comme un coup de fouet. Agir ainsi, en l'absence du roi ! La marquise reconnaissait bien là la façon de Françoise d'Aubigné, sourde et perfide comme une eau souterraine... En lui ôtant Mademoiselle de Blois, la marquise de Maintenon savait pertinemment qu'elle écartait le dernier prétexte légitime qu'avait sa rivale de se rendre à la Cour.

Françoise ragea, tempêta, appela Bossuet au secours, l'enjoignant de l'avertir que s'il en était ainsi, si le souverain n'avait plus aucune considération pour la mère de ses enfants, elle se retirait définitivement au couvent des Filles de Saint-Joseph, une institution qu'elle avait fondée et qu'elle dirigeait d'une poigne d'acier.

Hélas ! la vivacité, l'humeur de « La belle madame », ainsi que la nommait son fils, le duc du Maine, étaient trop connues pour n'avoir pas été considérées. En fin stratège, le roi accepta la nouvelle avec une grâce de souverain, et annonça derechef que puisqu'il en était ainsi, il cédait l'appartement versaillais de la marquise de Montespan à son fils, le duc du Maine, et celui du duc, désormais vacant, à sa jeune sœur, Mademoiselle de Blois. Ainsi, tout le monde était casé ! Athénaïs eut beau pleurer, supplier, elle était prise à son propre piège. Elle obtempéra donc et se retira en son château de Clagny, qu'elle désertait de temps à autre pour se reposer dans l'appartement qu'elle avait fait décorer, dans la maison des Filles de Saint-Joseph, située rue Saint-Dominique. Une toile jaune rayée d'incarnat, un grand lit, son fauteuil, des pliants... La pièce n'était pas grande, mais l'on s'y pressait tant l'esprit, la morgue, l'humour Mortemart savaient encore attirer du monde.

D'autant qu'à Versailles, les dévoteries de Madame de Maintenon commençaient d'ennuyer. On attendait des fêtes, elle faisait donner des messes. On espérait des soupers, elle offrait des pénitences, réduisant son train au strict minimum.

Mais chez la marquise de Montespan! « Son fauteuil, décrivait Saint-Simon, avait le dos joignant le pied de son lit ; il n'en fallait chercher point d'autres dans la chambre, non pas même pour ses enfants naturels, Madame la duchesse d'Orléans pas plus que les autres. Monsieur et la Grande Mademoiselle l'avaient toujours aimée et l'allaient voir assez souvent : à ceux-là, on apportait des fauteuils et à Madame la Princesse, mais elle ne bougeait pas à se déranger du sien ni à les conduire. ... Toute la France allait chez elle. Elle parlait à chacun comme une reine qui tient sa cour et qui honore en adressant la parole. C'était toujours avec un air de grand respect, qui que ce fût qui entrât chez elle et, de visites, elle n'en faisait jamais. »

Puis, petit à petit, elle chercha à faire pardonner ses torts et à se repentir. Elle tenta de s'amender auprès de son fils légitime, le marquis d'Antin. Elle lui acheta pour quarante mille écus le splendide domaine de Petit-Bourg et lui fit construire, à la place du bâtiment existant qu'elle fit raser, un magnifique château. Elle chercha à corriger sa passion du jeu — mais n'était-ce pas la nourrir ? — en triplant la pension qu'elle lui allouait depuis son mariage. Le marquis d'Antin accepta la proposition et les six mille écus dont il se voyait soudain gratifié. Ce jeune homme, assez pleutre au combat malgré les enseignements de son père, se révélait, selon Saint-Simon, « le plus parfait modèle de courtisan ». « Sans humeur et sans honneur », lançait partout le duc d'Orléans, qui le détestait, ce qui ne l'empêcha pas d'épouser plus tard la demi-sœur de Louis-Antoine, Mademoiselle de Blois, mariage auquel la marquise ne fut pas conviée, non plus d'ailleurs que son fils, le duc du Maine.

Puis Françoise tenta de s'amender auprès de Dieu. « Elle fut, dit encore Saint-Simon, des années à pouvoir se rendre à elle-même, mais à la fin, Dieu la toucha. »

La grâce lui vint du père Pierre François de La Tour, supérieur général de l'Oratoire que le roi détestait parce qu'il le soupçonnait de jansénisme ; homme imputrescible que les anciennes positions de la marquise n'impressionnaient nullement, incorruptible dans sa foi, il attendait de Françoise-Athénaïs des marques de repentir.

Il fait vestir Montespan
Et d'étamine, et de bure.

chantonnait-on à la Cour. La marquise avait donc renoncé à ses robes légendaires, à ses ors, à ses perles, pour des chemises faites de draps de toile dure et grossière. « Elle se mit à porter des bracelets cloutés, des jarretières et une ceinture à pointe de fer qui lui faisaient souvent des plaies ; et sa langue, autrefois si à craindre, avait aussi sa pénitence, relatait Saint-Simon. Sa table, ajoutait-il, qu'elle avait aimée avec excès, devint la plus frugale, ses jeûnes fort multipliés, ses macérations étaient continuelles. »

Mais l'oratorien ne se contentait pas de ces « macérations » physiques. Il voulait d'autres preuves d'humilité et de renoncement. Il exigea encore qu'Athénaïs se pliât au plus douloureux des actes de contrition et lui commanda de s'humilier en rédigeant une belle épître, où elle demandait à son mari de lui pardonner.

« Elle lui écrivit elle-même, dit Saint-Simon, dans les termes les plus soumis, et lui offrit de retourner avec lui s'il daignait la recevoir, ou de se rendre en quelque lieu qu'il voulût lui ordonner. A qui a connu Madame de Montespan, c'était le sacrifice le plus héroïque. Elle en eut le mérite sans en essayer l'épreuve. Monsieur de Montespan répondit qu'il ne voulait ni la recevoir, ni lui prescrire rien, ni ouïr parler d'elle de sa vie. »

C'est qu'il avait failli s'évanouir en lisant la supplique. L'idée que la lettre était une plaisanterie l'effleura même un instant. Le malicieux Lauzun renouait-il avec ses frasques d'antan ? Mais il finit par écarter cette idée, par trop folle. Lauzun s'était grandement vengé de la marquise ; elle lui était, en ces jours, devenue tout à fait indifférente. Louis-Henry jeta la lettre et reprit ses occupations.

Elles le retenaient de plus en plus longtemps à Saint-Elix, où il menait toujours grand train. Il y exerçait haute, moyenne et basse justice, et gardait le pouvoir d'y nommer un juge à sa discrétion. L'élection annuelle des consuls, qui avait lieu à la Toussaint, était soumise à son agrément et les deux élus entrant en charge se présentaient à lui et lui faisaient hommage d'une paire de chapons. On le retrouvait toujours avec plaisir, tantôt à Bonnefont, tantôt à Beaumont, souvent à Toulouse et quelques fois encore à Paris, où il ne craignait toujours pas de « s'exprimer d'une manière très crue sur la conduite de sa femme ». Son fils qui était en crédit à la Cour, couvert des faveurs du Grand Dauphin, malgré les éclatantes flagorneries dont il était trop ostensiblement coutumier, fit en sorte qu'on y reçût à nouveau Louis-Henry. Et les courtisans sourirent de voir ce vieil ennemi du roi prendre part au jeu du souverain avec ses filles. La Palatine, surtout, s'en amusait beaucoup, trouvant à l'histoire de singuliers retournements :

« C'était une drôle de chose à voir lorsque lui et son fils d'Antin jouaient avec Madame d'Orléans et Madame la duchesse et qu'il donnait très respectueusement et avec des baisements de main les cartes à ces princesses qui passaient pour ses enfants. Il trouvait lui-même cela plaisant : il se retournait et riait toujours un peu. »

Il continuait de se conduire la tête haute et ce faisant, on lui accordait du crédit. Les cadets de Bigorre, de Comminges ou d'Armagnac recouraient souvent à lui pour obtenir une lieutenance, tant sa réputation de serviabilité et sa bienveillance étonnaient. « Voilà un style qui nous est inconnu et qui se ressent beaucoup de cet air de la Garonne », écrivait Madame de Sévigné.

Mais ces voyages l'amusaient de moins en moins. Il ne trouvait plus grand agrément à Versailles. Son fils faisait belle carrière, les courtisans le fatiguaient. Il fallait qu'il y eût ses sempiternelles chicanes avec la justice pour qu'il s'y montrât encore. Il ferraillait pour le plaisir contre le marquis de Savignac, l'un de ses cousins, dont il convoitait quelques terres en Gascogne. Il plaidait surtout pour le titre de duc d'Epernon, et celui de Bellegarde, que lui contestaient certains fâcheux.

Les audiences et les conseils le mandaient alors à Toulouse et à Grenoble, à Versailles et à Paris, où le pouvaient voir arpentant les prétoires, les poches emplies de requêtes et de factums, escorté de ses intarissables conseils, Messires Sonnet, Chuppé et Le Verrier, vêtus de leur toge noire et de leur bonnet carré.

La succession d'Epernon ne tournait pas à son avantage et lui posait quelques problèmes de liquidités. Le marquis fut même obligé, suivant la voie réglementaire, d'adresser une requête au roi en son Conseil :

« Pour réunir en ma personne et conserver après moi à mon fils tous les biens du feu sieur duc de Bellegarde, et poursuivre la liquidation de mes droits contre le sieur duc de Foix et autres, il m'a été obligé de faire plusieurs emprunts considérables et de me charger des dettes de ma famille, même de donner des pensions viagères aux cadets de ma maison, mais le recouvrement de tous les droits par lesquels j'espérais de satisfaire tous les créanciers ayant été retardé au moyen de l'arrêt de surséance qui fut accordé au duc de Foix pendant mon voyage de Savoie et par plusieurs incidents imprévus qui sont survenus dans mes autres affaires, mes créanciers m'ont poursuivi avec une extrême rigueur et fait saisir plus des deux tiers de mon bien, ce qui bien loin d'avancer leur paiement, le retarde en me mettant dans l'impossibilité de poursuivre mes droits, et aucun des créanciers ne peut jamais courir aucun risque, moi-même ayant au fond dix fois plus de biens que de dettes et n'ayant besoin que de deux ou trois années pour régler mes affaires et payer tous mes créanciers. J'ai recours à Votre Majesté et La supplie très humblement de bien vouloir accorder un arrêt pour deux ans, les saisies tenant seulement sur les fonds pour la sûreté des créanciers. »

La requête était longue, humiliante pour le marquis, mais parfaitement bien fondée. Pourtant, elle fut inefficace. Qu'il le tolérât à la Cour suffisait amplement à Louis XIV. Il se refusait à intervenir pour ce fâcheux qui avait employé sa vie entière à faire rire sur ses amours.

« Le roi, fit noter Louis le 10 juin 1697, étant en son Conseil, a ordonné et ordonne que ladite requête sera communiquée aux créanciers dudit sieur marquis de Montespan pour, sur leur réponse, être ordonné ce qu'il appartiendra. »

Fort heureusement, certains acceptèrent. Louis-Henry de Pardaillan avait du répondant et restait fort célèbre pour sa générosité. Il ne mentait pas quand il avouait entretenir les cadets des branches lointaines de sa famille. Il lui arrivait même d'intervenir dans des affaires qui lui étaient purement étrangères, engageant son nom, son honneur, et souvent son argent pour appuyer ceux qui n'avaient pas son influence.

Ainsi avait-il plastronné, en 1678, au procès de la très galante Madame de Lameth qui défendait avec toute sa fougue la mémoire de son amant, Charles Amanieu d'Albret, abattu pendant la nuit par les valets du mari outragé et dont on avait retrouvé le corps dans les douves du château de Pinon. Deux ans plus tard, en 1680, Louis-Henry prenait encore grand parti pour Corbinelli, le spirituel ami de Madame de Sévigné.

« Monsieur de Montespan est devenu son protecteur, écrivait-elle à sa fille ; il ne parle que de mettre deux mille pistoles de dédit pour celui qui se révoltera contre les arbitres, et cent mille francs pour pousser l'affaire s'il faut plaider. »

Et il l'avait mis, cet argent, et Corbinelli avait remporté cette méchante querelle...

Ces différends, où le marquis était rentré avec toute sa fougue, la légendaire générosité avec laquelle il dépannait de pauvres bougres, l'excellente tenue et le prodigieux entretien de ses terres poussèrent ses créanciers à atermoyer, comme le marquis le demandait. Mais Louis-Henry savait désormais qu'avec ou sans fils à la Cour, il ne pourrait jamais compter sur l'intervention de Versailles.

Montespan restait donc le plus souvent sur ses terres, où il veillait étroitement à ses affaires. A Saint-Elix, toute une cour de quémandeurs, petits courtisans et parents lointains gravitaient maintenant avec pour seul point commun d'être pauvres comme Job. Son cousin, le marquis de Termes, l'inquiétait beaucoup. Ce fou s'était lancé dans l'alchimie mais Louis-Henry avait bien fini par démasquer la supercherie sous laquelle il masquait ses activités de faux-monnayeur. Pour sauver l'honneur de son nom, et éviter que l'affaire ne tombe dans le domaine public, au risque de compromettre l'avenir du marquis d'Antin, Louis-Henry avait fait verser une rente de quatre mille livres annuelles au ruffian. Le temps qu'il ne consacrait pas à cette meute d'affamés, de quémandeurs de toutes sortes, il le passait à fuir les souvenirs toujours douloureux que lui infligeait son célibat forcé en courant les forêts, ou en recevant en son château de Beaumont entre autres. (Il y faisait donner la comédie dans le ravissant petit théâtre à l'italienne qu'il avait fait décorer de fresques peintes à même les murs, de papiers ornés d'une frise de rinceaux et de grotesques de couleur capucine et bleu dur, à l'identique du plafond et des murs de sa grande bibliothèque.)

Pourtant, il commençait de sentir le poids des ans, ou peut-être les prémices de la lente maladie qui allait finir par l'emporter. Le 19 décembre 1691, le marquis de Sourches notait déjà dans ses Mémoires que « le marquis de Montespan était à Paris, extrêmement malade, aussi bien que la marquise de La Vauguyon ».

Maintenant c'était à Toulouse que le marquis aimait le plus souvent se retrouver. Il fréquentait assidûment le salon de Madame de Lanta, fille de Riquet, constructeur du canal des Deux-Mers, et sœur du président du parlement de la ville. On l'y accueillait avec une telle chaleur ! Là, on savait apprécier son entrain, son insouciance, sa générosité. Un soir, au jeu, car on jouait gros, Madame de Frauts se pencha vers lui pour lui souhaiter de gagner. Ce qu'il fit, lui offrant, pour la remercier du vœu qu'elle avait formulé, une montre de cinquante louis. On savait aussi se montrer discret sur ses mésaventures conjugales, chacun demeurant conscient que le fougueux Gascon tolérait toujours aussi mal les importuns qui osaient les lui rappeler.

La Présidente en fit d'ailleurs l'amère expérience, un soir, au lansquenet. Montespan venait de perdre sa première carte, un roi de cœur, et comme il enrageait, la Présidente, amusée par son emportement, lui lança malicieusement :

« Ah, monsieur, ce n'est pas le roi de cœur qui vous a fait le plus grand mal ! » Ce qui eut pour résultat de balayer d'un seul coup toutes les bonnes manières et règles de courtoisie de Louis-Henry qui, oubliant qu'il se trouvait chez son hôtesse, rétorqua sèchement :

« Si ma femme est à un Louis, vous, vous êtes à trente sols ! »

On doit à Madame du Noyer, qui était présente et résidait à Toulouse depuis que son mari y avait acheté la charge de grand maître des Eaux et forêts du Languedoc, de connaître ce regrettable dialogue qu'elle s'était empressée de noter dans ses Mémoires, avant de le communiquer à Versailles, pour la bonne bouche, ajoutant perfidement que le marquis serait allé jusqu'à donner le fouet à la Présidente, un soir de bal masqué. Perfidie ! rageait le marquis en songeant aux amoncellements de mensonges que cette langue de vipère avait jetés sur son compte, tout le long de sa vie. Il ne se serait jamais laissé aller à un tel acte, trop heureux d'être si bien reconnu en cette ville par la meilleure des compagnies.

Et puis, c'était un incident qu'il avait aussitôt pardonné et oublié, parce qu'il était enfin amoureux ! Pour la première fois depuis des lustres, depuis qu'il avait malencontreusement rencontré Françoise de Mortemart...

Louis-Henry, à cinquante ans passés, aimait. Il brûlait de passion pour la sœur de Madame de Lanta, Mademoiselle de Riquet, au point de vouloir l'épouser. Hélas ! si le

Châtelet l'avait séparé de corps et de biens d'avec la marquise, il n'avait pas pour autant effacé le mariage. Une seule personne sur terre pouvait l'aider dans ce sens : c'était Sa Sainteté le pape.

Montespan envoya donc une requête en annulation de mariage devant la cour de Rome. Dans le même temps, afin que l'affaire ne fasse pas scandale, ni ne prenne le roi au dépourvu, il envoya un double de la lettre à Louvois qui, bien qu'averti des initiatives « exotiques » du marquis, faillit s'évanouir : « De toutes les folies, celle-ci est la plus grande que vous pourriez commettre », répondit immédiatement le malheureux ministre qui savait bien que, quelle que soit la défaveur définitive de la marquise de Montespan, retirée à l'abbaye de Fontevrault, dirigée par sa sœur, les représailles du roi pouvaient être terribles. Or, Louis XIV était entré en conflit ouvert avec le pape sur l'affaire de la Régale. Ce droit, antérieur au XIIe siècle, qui permettait au souverain de prendre en garde un évêché pendant la vacance du siège, d'en percevoir les revenus mais aussi de nommer qui il voulait, à la place de l'évêque, aux cures ne comportant pas charge d'âme. Louis XIV avait décidé de reprendre ce droit pratiquement abandonné et de l'étendre à tous les évêchés français. Tous s'inclinèrent, sauf les évêques Pavillon, d'Alet, Caulet, de Pamiers, qui firent appel à Rome.

Innocent XI étant bien déterminé à ne pas céder, l'affaire tournait au schisme. Louvois expliqua la chose à Louis-Henry de Montespan, lui prédisant mille morts s'il s'entêtait dans sa démarche.

Cette fois, il ne s'agissait plus d'affaires privées, mais de raison d'Etat : en mandant cette requête à Rome, en y exposant le double adultère du roi que sa durée et ses huit enfants avaient rendu notoire, Louis-Henry fournissait au pape une arme terrible.

Louis-Henry comprit sa bévue, mais la lettre était hélas partie. Il ne lui restait plus qu'à s'amender de son erreur et avertir le roi qu'il retirait sa demande.

« On écrivit aussitôt au Cardinal d'Estrées, ambassadeur de France auprès du Saint-Siège, pour qu'il intervînt. Le Pape fut conciliant et rassura le Roi sur la suite qu'il donnerait à la démarche du Marquis au cas où la lettre lui parviendrait. »

Alarmée, Françoise-Athénaïs intervint à son tour. Les projets de mariage furent aussitôt abandonnés. Le 11 avril 1681, le cardinal d'Estrées répondait au roi :

« Monsieur le Cardinal Cibo m'a fait savoir qu'il avait reçu une lettre de Madame de Montespan, qu'il l'a lue à Sa Sainteté qui a trouvé la proposition qu'on soupçonnait Monsieur de Montespan d'avoir faite, ridicule et impertinente, que le Pape lui avait répondu que, jusqu'à cette heure, il n'avait reçu aucune lettre de sa part ; que lui, Monsieur le Cardinal Cibo, n'avait pas eu connaissance qu'il en fût venue une pareille et que si l'on en recevait quelqu'une, ou le Pape n'y répondrait pas ou il s'expliquerait d'une manière qu'il n'aurait pas lieu de renouveler une si bizarre demande. Il m'a dit de plus que, dans l'impatience qu'il était d'ôter à Madame de Montespan ce sujet d'inquiétude, il avait répondu sur-le-champ à sa lettre et fait adresser la réponse à l'auditeur, par le canal duquel il me semble qu'elle lui avait été envoyée. Je ne sais s'il avait eu le temps de parler au Pape quand il répondit à Madame de Montespan ; c'est pourquoi s'il ne l'avait pas fait pour lors, Votre Majesté apprendrait par ma lettre comme il s'est acquitté de ce qu'il a promis, et dans quels sentiments le Pape lui a paru. C'est de lui-même qu'il m'a fait cette ouverture sans que j'en aie fait parler, car Votre Majesté m'imposait un silence exact sur cette matière, à moins qu'elle me fût communiquée. »

A Toulouse, tout le monde soupira sur ces amours contrariées, que Montespan, pourtant « le meilleur seigneur de la terre », vivait décidément de bien malheureuse façon à cause de son épouse. Pour se consoler, il s'adjugea définitivement, et bien que l'affaire ne fût toujours pas jugée, le titre de duc d'Epernon.

*

Ce fut au retour d'un voyage à Paris que le marquis se sentit pour la première fois véritablement malade. La tête lui tournait ; il fut pris de nausées et de fièvres. La maladie fut si forte qu'il ne put assister à la réception organisée en l'honneur du passage à Toulouse des ducs de Bourgogne et de Berry qui accompagnaient le duc d'Anjou, futur roi d'Espagne, jusqu'aux bords de la Bidassoa.

« Les pairs de Francs arrivèrent à Toulouse le 14 février 1701 au son des cloches des cent églises de cette ville, et, charmés par l'accueil des Toulousains, ils dirent que cette capitale du Languedoc était la deuxième ville du royaume par son goût, ses sciences et ses arts et par sa magnificence », comme en témoigne dom Vaissette.

Le printemps passa, puis l'été, sans que le marquis parvienne à se remettre. Il souffrait terriblement, et la nuit le trouvait, les yeux grands ouverts, suant de fièvre et tordu par les maux. Il savait maintenant que sa fin était proche. Il voulut régler ses affaires, fit avertir son fils et se retira, après un voyage qui lui parut interminable, à Bonnefont, pour y écrire son testament. Il avait cinquante-neuf ans.

A trois heures du matin, le 23 octobre, dans son château où s'épanouissaient, sur les charmilles, les roses qu'il avait fait planter vingt ans plus tôt, le « haut et puissant messire Louis-Henry de Gondrin, seigneur d'Epernon, pair de France, marquis de Montespan, étant dans son lit, atteint de certaine maladie et infirmité, toutefois sain de son entendement et mémoire» fit appeler le notaire royal, Maître Faulquier, pour lui dicter ses dernières volontés.

Les premières dispositions étaient pour fixer le lieu de sa sépulture :

«Après que son âme aura fait séparation de son corps veut son dit corps être enseveli et inhumé simplement et sans pompe au pied de la croix du cimetière de l'église paroissiale dudit Bonnefont et que son cœur soit porté et enterré dans la Sainte Chapelle de Notre-Dame de Garaison.»

Le marquis instituait ensuite son fils et unique héritier, le marquis d'Antin, son légataire universel, le priant instamment d'acquitter ses dettes et lui donnant pouvoir de vendre, aliéner et engager ses biens et de respecter les nombreuses libéralités et fondations de messes aux églises de Bonnefont et de la Dalbade, à Toulouse.

Le marquis pourvoyait aussi généreusement aux besoins de ses proches serviteurs. Il versait trois mille livres à Dubuc, son fidèle intendant, «ledit sieur Dubuc l'ayant fidèlement servi et pris beaucoup de peine et de fatigue pendant le temps qu'il est à lui et à ses gages, et que l'attention avec laquelle il en a agi mérite récompense, priant Monsieur le marquis d'Antin, son fils, de le garder à lui, comme une personne fidèle et attachée à son service ; à Larivière, son domestique, en considération des bons et agréables services qu'il lui a rendus, la somme de mille deux cents livres, et à tous les autres domestiques une année de leurs gages et un habit à chacun suivant leur état et leur condition.»

A ceux qui avaient souffert de son amour excessif des cartes, le marquis voulut faire dire des messes :

«Comme mon dit seigneur d'Epernon a fait profession d'être joueur et qu'il ne peut pas connaître ceux à qui il a fait tort, il veut que Monsieur le Marquis d'Antin, son fils unique et son héritier universel institué par son dit testament, emploie dix mille livres pour faire prier Dieu pour ceux à qui il peut avoir fait tort. »

Et pendant qu'il dictait son testament, les images de sa vie, gaies et tristes, celles de ses conquêtes, la traversée de la Méditerranée, la prise de Djidjelli, les armes en Roussillon, lui revenaient à la mémoire. Il avait beau songer à la Louison, qui l'avait suivi à Perpignan, à cette belle garce qui lui avait échappé dans le couvent de l'Hermitage, à la ravissante et vibrante Mademoiselle de Riquet qu'il avait si fort aimée et si tendrement voulu faire sienne, à toutes celles encore qu'il avait troussées dans la tiédeur parfumée du regain, c'était encore le visage de Françoise-Athénaïs qui le harcelait, s'imposait à lui. Et il souffrait.

Il réentendait ses rires, ses plaisanteries, était inondé du bleu céleste de ses yeux, de la soie si douce de ses cheveux. Il songeait, avec une nostalgie poignante, à leurs fougueuses étreintes. Comme elle savait lui donner sa chair nacrée et généreuse, sa bouche pulpeuse comme un fruit et ses sourires, cette éclatante jeunesse qui lui appartenait !

Il ne pouvait l'oublier dans ce dernier acte. Ce serait ce pardon qu'il lui avait si cruellement refusé et qui devait la hanter, maintenant qu'elle était dévote.

« Dit aussi et déclaré ledit seigneur testateur qu'il a toujours eu une confiance entière en la charité de Madame la marquise de Montespan, son épouse, et particulièrement à l'heure présente, que ledit seigneur en a plus de besoin, étant en un état infirme et atteint d'une maladie qui lui en fait craindre les suites. C'est pourquoi il la supplie de vouloir faire prier Dieu après son décès pour le même repos et soulagement de son âme, ce qu'il espère et se promet de sa bonté et amitié, et par cette raison, la nomme et choisit présentement, comme il l'avait déjà fait par ses autres précédents testaments, et la prie de vouloir être son exécutrice testamentaire conjointement avec Monsieur d'Aguesseau, conseiller d'Etat ordinaire ; ledit seigneur supplie d'abondant laquelle dame de Montespan, par toute l'amitié et la tendresse très sincère qu'il a conservées pour elle, de vouloir faire ponctuellement exécuter le contenu en son présent testament et de vouloir charitablement pour l'amour de lui aussi faire payer exactement les dettes à sa décharge et pour le même repos de son âme.

« Et ledit seigneur testateur lui proteste en reconnaissance qu'il mourra content et très satisfait en se recommandant à ses bonnes grâces. »

Quelques jours plus tard, se sentant un peu mieux, le marquis de Montespan entreprit de revenir à Toulouse, où il s'installa à l'hôtel de Navarre. Mais le 11 novembre, la fièvre et les douleurs étant revenues, il ajouta un codicille à son testament pour ordonner son inhumation dans l'église paroissiale Notre-Dame de la Dalbade « où madame ma mère et madame ma fille ont été ensevelies ».

Il témoignait d'une grande sérénité et c'est ainsi qu'il s'éteignit le premier jour du mois de décembre 1701, dans les bras de son fils venu l'assister.

Les archives du Capitole notèrent le décès du « haut et puissant seigneur Messire Louis-Henry de Gondrin, seigneur-duc d'Epernon, marquis de Montespan, marquis de Gondrin, comte de Miélan, marquis d'Antin, marquis de Neubye et autres places, âgé de soixante et un ans ou environ, logé à l'hôtel de Navarre de Toulouse, lequel a été inhumé dans le caveau de la chapelle de Saint-Gemier, ou Sépulcre, dans l'église de la Dalbade, le deuxième jour dudit mois, et en présence de Monsieur de Sarraméa,

Monsieur Dubuc, intendant des affaires du défunt, et de Monsieur Boube, prêtre tonsuré».

Le marquis d'Antin n'avait donc pas assisté à l'enterrement de son père. Il avait couru jusqu'à l'abbaye de Fontevrault annoncer la nouvelle à Françoise-Athénaïs. Elle «prit décemment le deuil comme une veuve ordinaire mais il est vrai que devant et depuis elle ne reprit jamais ses livrées ni ses armes qu'elle avait quittées et porta toujours les siennes seules et pleines», notait Saint-Simon. La marquise fit célébrer un service funèbre à l'abbaye de Fontevrault, sans toutefois donner le nom du défunt. Personne ne sut si elle pleura en lisant les dernières volontés de cet époux qu'elle avait tant fait souffrir, et qui lui avait tout pardonné au seuil de la mort.

Louis-Henry fut chaudement regretté par ses gens. Jean de Lanespède, cadet de Gascogne, écrivit à l'abbé de Sarraméa :

«La nouvelle court très fortement dans ce canton que monsieur le duc d'Eperon est mort, je vous assure que j'en ai beaucoup de douleur; si cela est vrai, je vous supplie de me le mander; je vous assure que j'y prends beaucoup de part que je dois.»

Quelques jours après la mort du Marquis, Madame de Maintenon, qui lisait la Bible à Louis XIV, en était arrivée à l'histoire de David et Bethsabée, lorsque le Roi, fortement impressionné, lui demanda de recommencer cette lecture. La Marquise obéit :

«Il arriva que David, s'étant levé de dessus son lit après-midi, se promenait sur la terrasse de son palais. Alors il vit une femme vis-à-vis de lui, qui se baignait sur la terrasse de sa maison, et cette femme était fort belle.

«Le Roi envoya donc savoir qui elle était. On lui vint

dire que c'était Bethsabée fille d'Eliam, épouse d'Urie le Hittite

« David ayant envoyé ses gens, la fit venir ; et quand elle fut venue vers lui, il dormit avec elle.

« Elle retourna chez elle, ayant conçu. Dans la suite, Eliam envoya dire à David qu'elle avait conçu...

« David envoya à Joab, par Urie même, une lettre écrite en ces termes : "Mettez Urie à la tête d'un bataillon où le combat sera le plus rude, et faites en sorte qu'il soit abandonné et qu'il y périsse." »

« Le Roi demeura un long temps silencieux et fort pâle et puis sans lever les yeux il dit à voix basse : "C'est mon histoire avec le Marquis de Montespan que j'ai enterré vif dans son château." »

ÉPILOGUE

Le marquis d'Antin n'accepta d'abord l'héritage que sous bénéfice d'inventaire. Le défunt lui laissait quatre cent mille livres de dettes, mais aussi un bien de famille sensiblement agrandi, en très bon état, des bâtiments refaits à neuf et des terres valant plus de quarante mille livres de revenu, avec beaucoup de vaisselle d'argent et de meubles. Louis-Antoine vendit l'année suivante Saint-Elix à un certain Jacob, avocat et ancien capitoul de Toulouse. Il garda la seigneurie de Beaumont, ce qui aurait fait plaisir à son père, mais Antin ne fut jamais le valeureux guerrier et le bel esprit que Louis-Henry avait souhaités si ardemment. Le marquis de Montespan mourut avant d'avoir eu à souffrir de la pusillanimité de son fils qui se vit écarté de la liste des généraux à nommer en 1706, après sa lâche et désastreuse conduite à la bataille de Ramillies, perdue par le maréchal de Villeroi.

Antin était auprès du dauphin, à Livry, au mois de mai 1707 lorsqu'il apprit que sa mère, alors âgée de soixante-six ans, était à toute extrémité à Bourbon-l'Archambault, où elle était allée prendre les eaux. Il se rendit auprès d'elle et la trouva agonisante. Mais dès qu'elle eut cessé de vivre, il partit pour Paris sans attendre la mise en bière, dans la hâte de s'emparer de ses trésors et en emportant son testament, qu'il fit disparaître, au désespoir des serviteurs de sa mère.

Le corps de la marquise fut donc laissé aux soins de quelques valets et servit à l'apprentissage d'un médecin, qui voulut l'ouvrir, sans trop savoir comment s'y prendre. Elle avait légué son cœur au couvent de la Flèche, son corps à l'abbaye de Saint-Germain-des-Prés et ses entrailles au prieuré de Saint-Menoux, distant de moins de trois lieues de Bourbon. On chargea un paysan de porter à l'église de Saint-Menoux la part des restes mortels qui lui était destinée. Malheureusement, on omit de dire au manant de quel fardeau il était chargé. Au milieu de la route, il voulut voir ce qu'il portait, ouvrit le coffre, crut que l'on s'était moqué de lui et jeta le tout dans le fossé.

Et c'est ainsi que furent dévorées par des porcs qui passaient là les entrailles de la très radieuse marquise de Montespan, la perle des Mortemart, celle qui avait presque été reine.

Ni son royal amant ni son fils, le marquis d'Antin, ne manifestèrent un grand chagrin à l'annonce de sa mort. De son côté, Louis-Antoine avait écrit au roi, quelques jours après la disparition de son père, « pour lui demander, notait Saint-Simon, de faire examiner ses prétentions à la dignité de duc d'Epernon ». Son père se l'était arrogée mais sans que l'affaire ait été tranchée.

Ce n'est que dix ans plus tard que le roi donna son autorisation au marquis d'introduire sa demande devant le Parlement.

« Il ne manquait qu'un titre à ma fortune et à ma

naissance, écrivit Louis-Antoine dans ses Mémoires, et tout le monde compta dès ce moment que je serais duc d'une façon ou d'autre. » Mais il fut débouté par l'intraitable opposition des ducs, « à cause, écrivit encore Saint-Simon, de la préséance du duché-pairie d'Epernon, qui se trouvait le second de France. En compensation, le roi érigea en duché-pairie le marquisat d'Antin ».

A la mort de Mansart, en 1708, Louis-Antoine se fit attribuer la direction générale des bâtiments civils et introduisit dans ce service une magnificence dont Paris lui tint compte en attachant son nom à une rue, une chaussée et une avenue. Il y fit affluer, ainsi qu'à Versailles, les marbres des Pyrénées provenant des carrières de Sarrancolin et de Beyrède, qui prirent également le nom d'Antin. La Régence, en amenant au pouvoir le prince qui avait épousé Mademoiselle de Blois, sa demi-sœur, lui permit encore de satisfaire largement son goût insatiable des faveurs et de la fortune. Il profita largement du système de Law, s'enrichissant sans vergogne.

Il eut quatre enfants. L'aîné, qui fut le deuxième duc d'Antin, épousa une demoiselle Victoire de Noailles qu'il laissa veuve très jeune et qui épousa, en deuxièmes noces... le comte de Toulouse, fils du roi et de la marquise !

Le fils aîné de Mademoiselle de Noailles et du deuxième duc d'Antin, le fameux duc d'Epernon, épousera en 1722 une demoiselle de Montmorency-Luxembourg, qui mettra au monde, en 1727, le troisième et dernier duc d'Antin, Louis de Pardaillan de Gondrin, tenu en baptême par Louis XV et la comtesse de Toulouse. L'héritier mourut en 1757 sans avoir pris d'alliance et cette date fut celle de l'extinction du titre ducal, les lettres d'érection, conformes aux règlements généraux, l'ayant déclaré intransmissible hors de la descendance masculine directe.

Ainsi finit le nom en ligne directe de Montespan, que l'Histoire aima si mal, parce qu'il avait eu le malheur de trop aimer sa femme, et l'honneur de ne point vouloir plier devant le roi.

BIBLIOGRAPHIE

Abbé M.B. Carrière, *Le Château de Saint-Elix*, Toulouse, 1859.

Louis et Louise Gary, *Le Château féodal de Montespan en Comminges : un grand nom dans un beau site*, Toulouse, 1962.

G. Touchard-Lafosse, *Chroniques de l'Œil de bœuf : des petits appartements de la Cour et des salons de Paris, sous Louis XIV, la Régence, Louis XV et Louis XVI*, Paris, Garnier.

Jean Lemoine et André Lichtenberger, *De La Vallière à Montespan*, Paris, Calmann-Lévy, 1902.

François Aubert de la Chesnaye-Desbois, *Dictionnaire de la noblesse*, Paris, Berger-Levrault, 1980.

Jean Noulens, « Erection et extinction du duché-pairie d'Antin », in *Revue d'Aquitaine*, 1865, t. IX, p. 311.

Mme de Sévigné, *Lettres*, Avignon, Chambeau, 1804.

A. Lavergne, « Louis de Pardaillan-Gondrin, marquis de

Montespan », in *Bulletin de la Société archéologique du Gers*, 1903, t. IV.

François Bluche, *Louis XIV*, Paris, Fayard, 1986.

Lieutenant-colonel Henri Carré, *Madame de Montespan : grandeur et décadence d'une favorite*, Paris, Hachette, 1939.

Michel de Decker, *Madame de Montespan : la grande sultane*, Paris, Librairie Académique Perrin, 1985.

Arsène Houssaye, *Mademoiselle de La Vallière et Madame de Montespan*, Paris, Flammarion, 1896.

J.C. Petitfils, *Louise de La Vallière*, Paris, Librairie Académique Perrin, 1990.

M.A. Curie-Seimbres, *Le Marquis de Montespan : une des victimes du grand roi Louis XIV*, étude historique et roman, Toulouse, Telman, 1873.

Mémoires de Mme la marquise de Montespan (par l'abbé Laffont d'Aussanne), Paris, Mame et Delaunay-Vallée, 1829, 2 vol.

Félix Pasquier, « Notes relatives au château de Saint-Elix et au marquis de Montespan », in *Bulletin de la Société archéologique du midi de la France.*

Jean-Christian Petitfils, *Madame de Montespan*, Paris, Fayard.

Olivier Grussi, *La Vie quotidienne des joueurs sous l'Ancien Régime à Paris et à la Cour*, Paris, Hachette, 1985.

Jean Lemoine et André Lichtenberger, « Les dernières volontés de M. de Montespan », in *Le Journal des débats*, 7 décembre 1907.

Duc de La Force, *Louis XIV et sa cour*, Paris, Fayard, 1956.

Saint-Simon, *Mémoires.*

Mme la vicomtesse de Mazilière-Balarin, « Le château de Beaumont », in *Revue d'Aquitaine*, 1857, t. I.

Bernard Pousthonis, « Un château de la Renaissance en

Comminges: Saint-Elix (Haute-Garonne)», in *Revue de Comminges*, 4e trim. 1980, t. XCIII.

L. Manaud de Boisse, *Le Château de Montespan; voyage de la favorite de Louis XIV aux Pyrénées: histoire et légende*, Foix, 1891.

«Le château de Saint-Elix», in *Revue de Comminges*, 1902, t. XI (excursion de la Société des études).

Abbé F. Marsan, «La cloche de Bonnefont», in *Revue des Hautes-Pyrénées*, 1931.

Léon Dutil, *La Haute Garonne et sa région*, Toulouse, Edouard Privat, 1928, t. II.

François Abbadie, *Lettres d'un cadet de Gascogne sous Louis XIV: François de Sarraméa*, Paris, 1890.

Fernand Espouy, «Le mari de la favorite, le marquis de Montespan», récit historique, in *Dépêche du Midi*, 18 août 1957.

Pierre Vidal, «Le marquis de Montespan en Roussillon», in *Ruscino*, 1923, nº 22.

Joseph Noulens, *Mémoire pour servir à M. le comte Pierre-Joseph-Théodore-Jules de Pardailhan contre MM. A.F. de Treil, L.C.A. de Treil, A. de Treil; le premier se disant comte de Pardailhan, le second baron de Pardailhan, le troisième de Pardailhan*, Paris, 1867.

Duc d'Antin, *Mémoires*, 1876.

Lucienne Curie-Seimbres, «Monsieur de Montespan en exil», in *Toulouse et sa région*, actes du XXIe congrès d'études régionales de la fédération des sociétés académiques et savantes de Languedoc-Pyrénées-Gascogne, Toulouse, 1965, Toulouse, 1966.

M. Monmillon, «Notice historique sur le château de Beaumont-sur-l'Osse», in *Bulletin de la Société archéologique du Gers*, t. XXVII, 1926 et t. XXVIII, 1927.

Ph. Lauzun, « Le parc du château de Beaumont-sur-l'Osse », in *Société archéologique du Gers*, 1902.

M. de Galard, « Les Pardaillan d'Antin d'après des documents inédits », in *Revue de Gascogne*, 1881, t. XXII.

Charles Palanque, « Pierre Souffron : maître architecte de la ville d'Auch », in *Revue de Gascogne*, 1896, t. XXX (accord passé entre le seigneur de Bezolles et Pierre Souffron pour l'édifice du château de Beaumont).

Abbé Raymond Corraze, *Les Seigneurs d'Auragne* (notes et documents), Toulouse, Berthoumieu, 1936.

Jacques Henri Bauchy, « Deux curieuses figures du grand siècle : le "faux duc de Bellegarde" et son frère, l'archevêque de Sens, nés Pardaillan », in *Bulletin de la Société archéologique et historique de l'Orléanais*, 1963, t. III.

Pierre Clément, *Lettres, instructions et mémoires de Colbert*, Paris, t. VI.

G. Dubois, *Henri de Pardaillan de Gondrin, archevêque de Sens*, thèse de doctorat, 1902.

TABLEAU GÉNÉALOGIQUE

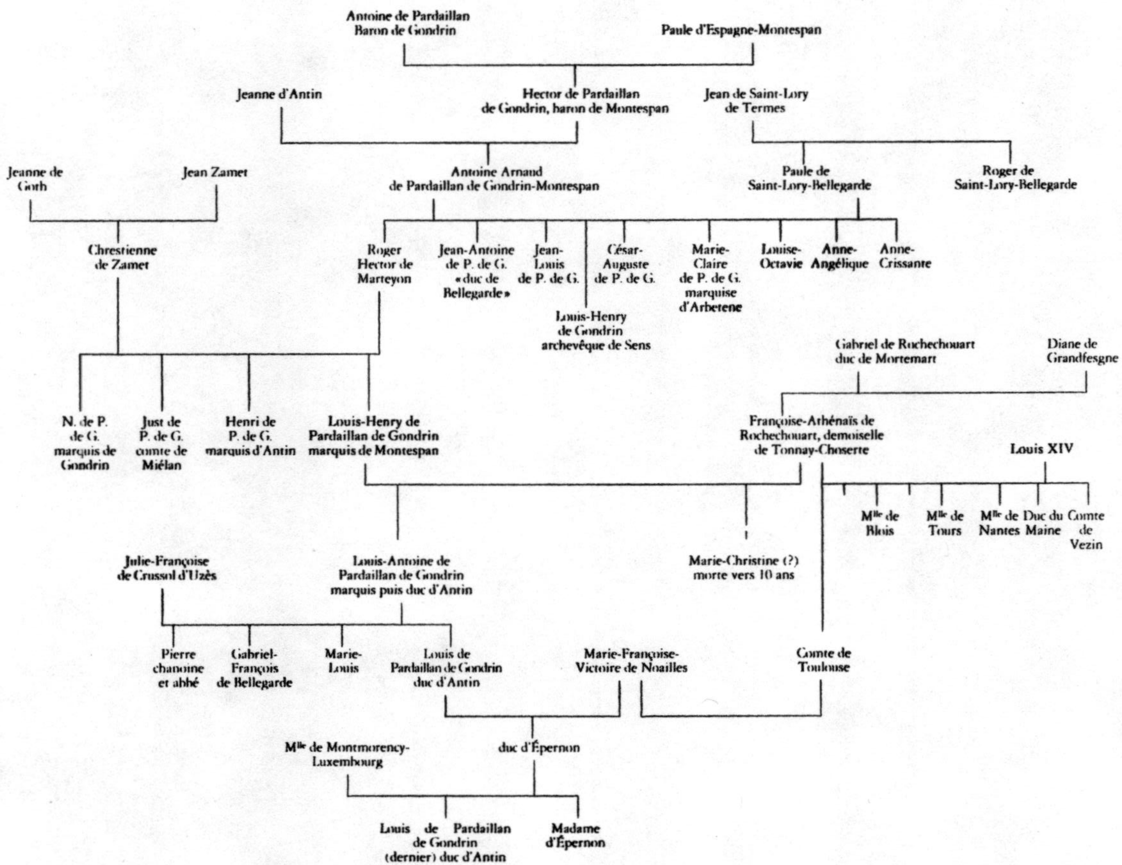

ANNEXE

TESTAMENT DE MARIE-CHRESTIENNE DE ZAMET, MARQUISE D'ANTIN (16 mai 1670)[1]

(Extraits)

... Plus je donne et legue a ma pettitte fille de Montespazn quy est presentement aupres de moy, quy n'a pas encore le nom et seremonie du saint bastesme, fille de mon fils de Montespan, deux mille livres de rentes et en principal quarante mille livres constituées par le clergé de Sens au profit du sieur Daugé chanoine de Courpales et aumonier de monsieur l'archevesque de Sens mon baufrere, par contrat passé par devant Coutelier et Sinfray notaires de Paris le vint neufiesme avril dernier, lequel

1. Mère du marquis de Montespan. Archives départementales de la Haute-Garonne. Section notariale.

sieur Daugé m'en a passé déclaration le mesme jour par devant les mesmes notaires, pour en jouyr par ma ditte pettitte fille du jour de mon decets et estre laditte rente emploiée, savoir quatorze cents livres pour les nourritures de ma ditte pettitte fille, sa gouvernante et Dorottee, fille de sa gouvernante, dens le couvant de Charonne, sy madame l'abesse de Charonne est encore vivante, ou tel autre monastere que monsieur l'archevesque de Sens voudra choisir pour y faire ellever ma ditte pettitte fille, le supliant qu'incontinent apres mon decets elle y soit conduitte avec sa ditte gouvernante et Dorottée sa fille et sela pour baucoup de considérations que je ne puis exprimer, jusqu'a se qu'il plaise a Dieu de disposser de ma ditte pettitte fille soit par mariage ou religion ou qu'elle aye ataint l'age de vint cinq ans, et les six cents livres restantes pour parfaire la susdite somme de deux mille livres je veux qu'elle soit emploiée à l'antretient des abits ou choses necessaire pour ma dite pettitte fille, de Dorottée et pour les gages de sa gouvernante. Que sy ma ditte pettitte fille estant an asge de choisir un establissement et qu'inspiree d'un saint desir elle voulut ambrasser la vie religieuse avec l'aprobation de mon fils son pere et de mon dit seigneur l'archevesque de Sens, en ce cas, je pretends et donne au couvant ou ma ditte pettitte fille fera sa profession les dittes deux mille livres de rentes tant en principal, areages et interets, à condition que ma ditte pettitte fille y sera ressue comme bienfaitrisse et y jouyra de touts les privileges attribues a la ditte calité, et surtout qu'elle aura dans le dit couvant une chambre particuliere a cheminee et que le couvant luy fournira son chaufage dens la ditte chambre, et qu'elle ne sera point tenue pour quelle reson que se soit de maladie ou autrement d'aler à l'infirmerie dudit couvant, et qu'elle aura aussi une religieuse particuliere a elle et pour la servir et coucher dens sa chambre. Et en dernier lieu que sur la susditte somme de deux mille livres de rentes le dit couvant sera tenu de bailler touts les ans a ma ditte pettitte fille la somme de trois cents livres pour luy servir de panssion viagere et pour en disposer par ma ditte pettitte fille a ses plesirs et volontes, auquels cas et conditions et non autrement je donne et legue les dittes quarante mille livres audit couvant.

Plus je donne et legue a ma ditte pettitte fille touts les meubles que j'ay eu de la succession de feu monsieur le duc d'Espernon et autre meubles qui sont de present au couvant des meres carmelittes de Toulouze.

Plus je donne et legue a ma ditte pettitte fille toute la vesselle d'argent et piererie quy se trouveront m'apartenir au jour de mon decets et dont partie est a present audit couvant des dames carmelittes de Toulouze, dont de tout je fais legs a ma ditte pettitte fille; a condition qu'au cas qu'elle soit religieuse les dits meuble vesselle d'argent et piereries apartiendront a mon petit fils, son frere, Louys Antoine de Gondrin, a la reserve pourtant du petit servisse d'argent quy me sert a present compose d'une pettitte esguiere, petit bassin, quatre petits et deux autres plus petits plats, dix huit assiette, deux escuelle, deux pettitte saliere, quatre flambeaux, un coquemar, un pot de chambre, une soucoupe, deux tasse couverte de vermeil dorré et touts les tableaux et pinture qui m'apartienne et quy sont en cette ville de Paris. Lesquels meubles d'argent et tableaux ma ditte pettitte fille pourra aporter au couvant ou elle sera elevee, et jusqu'à se que ma ditte pettitte fille soit establie, le reste des dits meubles resteront entre les mains des ditte mere carmelittes de Toulouze ou ils sont a present.

Plus je veux et entents qu'au cas que ma ditte pettitte fille vint a desseder avant que d'estre pourveue par mariage ou profession de religion, lesdittes deux mille livres de rente tent qu'au principal qu'arerage et touts les dits meubles, vesselle d'argent et piereries apartiennent a mon dit petit fils son frere Louis Entoine de Gondrin auquel j'en faits legts sans qu'il en puisse par luy estre distret ny separé aucune chose qu'il n'est ataint l'age de majorité, et quant au surplus de touts mes biens je les laisse a mon fils unique Louys Henry de Gondrin marquis de Montespan et d'Antin, et mesme mes droits et pretentions sur le marquisat d'Antin a cause de mes convenssions matrimonialle et autres soumes a moy deue par feu monsieur le marquis d'Antin qui se monte a des soumes considerable. Et apres mon dit fils Louis Henry de Gondrin je donne et legue les dits biens, droits et pretantions susdittes a mon petit fils Louis Antoine de Gondrin agé a present de quatre ans et demy. Et en cas que le dit Louis Entoine vint a deceder sans enfant, je donne et legue les susdits biens, droits et pretantions susditte a ma pettitte fille de Montespant quy est aupres de moy agee de six ans et demy, et sy l'un et l'autre de mes petits anffans sus noumes vienne a deceder sans anffans de legitime mariage je veux et antants que les susdits biens, droits et pretantions soit et revienne a la disposission de mon fils Louys Henry de Gondrin marquis de Montespan et d'Antin, et tout à condition que mondit fils executera de point en point mon presant testament quy est ma derniere volonté priant Dieu qu'il luy donne et a ses anffans sa sainte benediction comme je leur donne la mienne et que luy et mes susdits petits anffans puisse jouir de mes dits biens avec toute sorte de bonheur et de prosperité et surtout dens l'amour et la crainte de Dieu.

Plus je prie mon fils de vouloir douner pour l'amour de moy la soume de cant sinquante livres au R. pere Nadau pour l'aider a subvenir a ses necessites et affin qu'il se souviene de moy dens ses priere et surtout dans le saint sacrifisse de la messe, ayant asses de confiance au bon naturel de mondit fils pour estre sertaine quy fera executer tres religieusement et ponctuellement mon present testament en tous ses points, sirconstansse et dependansse.

Et pour executer et acomplir mon present testament l'augmenter et non diminuer je noume et institue monsieur l'archevesque de Sens, mon bau frere au cas que je desede en sette ville de Paris ou aus anvirons, le supliant-tres humblement de me donner cette derniere marque de son amitié et de sa bonté, et, pour luy ayder et espargner la peine des soins de la ditte execution quy sont au dessous de luy, je le suplie de s'an reposer sur la personne de monsieur Dauge, son aumonier, que je noume a cet effet et avec sa permission executeur soubs luy de mon present testament, auquel il aura sy lui plait la bonté de donner ses ordres et ses avis necessaires...

TABLE

Composition réalisée par Graphic-Hainaut
Achevé d'imprimer en septembre 1992
sur presse CAMERON
dans les ateliers de la S.E.P.C
à Saint-Amand-Montrond (Cher)
pour Perrin
éditeur à Paris

N° d'Édition : 1059. N° d'Impression : 1867.
Dépôt légal : septembre 1992.

Imprimé en France